图解 精益制造 *008*

丰田现场的人才培育

「トヨタ流」現場の人づくり

[日] 田中正知 著　　赵城立 译

人民东方出版传媒
People's Oriental Publishing & Media
东方出版社
The Oriental Press

目录

002

004

中文版寄语

　　2006 年，本书在日本刚刚出版，当时的丰田正与占据世界第一宝座的美国通用展开较量，其销售额超过了 20 兆日元，营业利润预计也将超过 2 兆日元。 那时，似乎没有人怀疑丰田会在数年内超过通用，成为世界第一的汽车公司。

　　但是，像笔者这样从丰田毕业的改善者们，却从几年前就预感到了危险信号。 一个是，企业的利润本应是通过提供顾客需要的好商品，使顾客得到满足后作为结果得到的，而事实却是赚钱似乎被当成了目的。 另一个是，人才培养跟不上急速扩张的速度。

　　从这种对丰田的危机感出发，笔者将在丰田时从诸多前辈处学习，并到 2000 年为止在工厂现场一直实践过的经验，尤其是对其背后的观察方法、思维方式进行了总结。 2005 年，这些关于丰田生产方式本应有的形态的总结得以成书出版，书名为《会思考的丰田现场》。

本书是作为《会思考的丰田现场》的续篇撰写的，对于"缩短过程时间"和现场"育人"的重要性及具体做法特别进行了强调，并介绍了基本原理。 其中，育人的基本原理是创立"丰田生产方式"的大野耐一先生自身也经常使用的，即"给出明确的课题和期限，具体解决方案让本人去思考，对结果进行公正的评价"。

笔者从 2001 年开始在工科大学执教，以此为契机，将学生们分为每 20 个人一组，然后开办讲座，规定"用自己的头脑和方式使用三合板制作小艇，并进行 200 米的竞划比赛。 比赛中小艇翻掉的组将被视为不合格"。这样，在大学教育里对育人基本原理的效果进行了实证，其效果是非常好的。 制造专业的学生一共有 180 名，虽然规模不大，但到 2011 年为止，每年都会参加大学的机器人竞赛。 这件事在本书中有详细的记载。

2008 年，正如包括笔者在内的改善者们担心的那样，丰田出现了大幅赤字，也许有些讽刺意味，但本书中所写的内容却不幸言中了。 现在的丰田正在创业者的孙子丰田章男社长的领导下，向着笔者所说的"丰田本应有的形态"进行回归重建。

长期以来中国经济可以说是一帆风顺地实现了快速

成长。 但是，由希腊债务开始引发的货币危机使欧洲的经济景气陷入低迷，美国也陷入了困境，中国的出口势必受到严重影响。 在中国国内，同时还面临人口老龄化日趋严重、劳动力不足、人件费高涨等问题。

这些事实也说明，中国已经步入先进国家行列，中国的大型企业也开始面临与世界大型企业相同的课题。如此看来，产生于日本的企业，深受中国传统文化的影响，甚至还要将四书五经作为必读书，再加上笔者所撰写的"本流丰田方式"等，可以说都是与中国企业同宗的，因而也必将适合中国企业。

这里，对在中国正在进入新形势的情况下，挑选本书作为必读之书，并亲自翻译联系出版的赵城立先生，由衷地表示感谢。

希望本书能够被尽可能多的中国读者阅读，如果能为大家在实现美好社会的过程中作出些许贡献，笔者将不胜荣幸。

田中正知

2012 年 3 月

003

推荐序一

就在一年前，我曾有幸为田中正知教授的著作《会思考的丰田现场》作序。一年过去了，很高兴地看到田中教授又有新书问世，更为高兴的是，这次本人又有幸能为他的新书《丰田现场的人才培育》作序。

与日本企业结缘要追溯至 1989 年，当时本人正在美国哥伦比亚大学商学院攻读博士学位。20 世纪 80 年代的美国对日本管理模式十分感兴趣，学术界和企业界都认真研究日本管理模式及其对美国企业的借鉴意义。《日本第一》《丰田管理模式》《Z 理论》等书籍在美国风靡一时。但是众多学者和专家都把重点放在丰田管理模式的模式、技能、方法上，而忽略了日本管理模式的社会文化环境土壤和丰田高管对人的极度重视。田中教授《会思考的丰田现场》的问世弥补了这一缺憾，他认为丰田管理模式背后所揭示的以人为本的哲学理念和思想是丰田管理模式的基石。 田中教授通过自己在丰田工作多年的体验和对丰田管理理念的深刻认知，把丰田管理模式蕴含的经营理念和哲学传授于世人，让大家真正认识到丰田管理模式不仅仅是简单的现场管理、单纯的操作手段、高度的自动化，其核心要义更涉及一个企业对自身的准确定位，涉及公司高管对企业短期、中期、长期目标的判断和他们身上体现出的使命感和对人性的尊重的价值观。 更重要的是，丰田管理模式关系到公司的每一名员工，以及他们对工作的执著追求和对企业文化及理念发自内心的认同。

但令人意想不到的是，过去几年中关于丰田公司的种种负面消息屡见报端，召回事件层出不穷，让消费者在质疑丰田品质的同时，也不禁对丰田一直以来奉行的丰田管理模式打上了一个问号。 丰田真的变了吗？ 丰田管理模式还有效吗？ 那些在自己企业中也开始实践丰田管理模式的企业家是否应该重新选择更先进的管理模式和理念？

《丰田现场的人才培育》正是在这种背景之下出版的。

人本主义是丰田取得成功的决定因素。 田中教授认为，人是企业繁荣和持续发展的基础，没有高素质、高效率、高度负责的员工，没有对企业忠诚的员工，任何组织无论如何都是无法做大做强，无法基业长青的。 田中教授在其《会思考的丰田现场》中指出，丰田管理模式所体现出的对人性的尊重，并非是简简单单的终身雇佣制度。 丰田管理模式强调的是让员工从内心真正感悟到，工作不是枯燥的，而是有意义的。 员工要对自己的工作有归属感。 在新书《丰田现场的人才培育》中，田中教授再次指出丰田管理模式中的自动化、准时化等做法是建立在对人性的尊重、让工人充分发挥出潜力和积极性的政策基础之上的。 为了保障员工的积极性和工作热情，丰田制定了不解雇员工的政策，让每名员工都感受到公司就是自己的家。

　　田中教授在本书的序言中作了概括性的总结："如果说今天的丰田还算成功的话，那么也正是因为通过丰田生产方式的实践在育人上取得了成功，才能取得这样的成绩。"重视技术，尊重员工，软件和硬件完美结合，是丰田管理模式成功的核心。 这对于中国企业把握丰田管理模式精髓具有重要的现实意义。 发展培育员工是丰田管理模式的秘密武器。 人才培育是丰田取得成功的第一要素。 丰田管理的每一个步骤，从自动化、准时化、零库存，到看板制度、产品质量、品牌管理，都必须与员工的积极性和创造性完美地结合在一起。 在 21世纪的今天，对丰田管理模式下简单结论，认为丰田管理已经落后的企业家和学者，正是忽略了丰田管理发展培育人才这一核心要素。 通过不断竞争和总结经验教训，丰田一定会不断发展，基业长青。

在当前国际形势发生巨变，企业经营伦理道德出现混乱的时代，田中教授的新书出版更具有重要的社会意义。 田中教授希望这本书能够把实践了多年的丰田育人法运用到社会的各个领域和不同企业组织之中，以消除目前社会上存在的种种弊端，解决企业发展中出现的瓶颈问题，以便提升企业的核心竞争力，为人类造福。 田中教授认为，丰田管理模式中的人才培养方法"就是古代日本人的处事方法、家族观、社交方法等，是以作为日本人理所当然的行为和价值观为基础的，是为了更好地生存必须与其他人一起努力的思想"。 丰田不仅为企业培养出优秀的员工，更为社会培育出卓越的社会公民。 这种理念对社会进步和人类发展，具有积极的意义。

北京大学国家发展研究院教授

北大国际 BiMBA 院长

杨壮

推荐序二

今年春节期间，赵城立博士来电邀请为本书的中文版新书作序，当发现原著作者竟然就是我神交仰慕已久的田中正知先生时，在倍感荣幸之余，我马上欣然应允。

2009年读本书台湾翻译版时，我曾感动异常并在书上写满了密密麻麻的感想，正是这本书，把我从过去迷恋技术方法的谬误中拯救出来，所以我当时在书上就总结了一段话：如果有人问我，丰田最值得学习的是什么？ 我的答案将会是：能够让人们愿意、能够、持续不断而且有效地致力于正确的改善活动以打造对抗无常变化的快速响应能力，实现共存共荣、追求永续经营的哲学和方法！ 这正是丰田数十年来上下交相探索和努力追求的理想和信仰。 本书作者所谆谆教诲的也正是实践这种经营哲学的方法。

这是一本把"大道"提炼到"至简"的好书，其中许多看似轻描淡写的一句话、看似简单至极的一个案例，都体现出在实务上千锤百炼后的智慧结晶。 因此，我诚挚地建议所有读者紧紧地把握住这个原点来研读本书，耐心体味作者的"微言大义"，相信必有巨大的收获。

以下谨就我个人的读书心得与读者作些分享。

作者先以"消除对丰田生产方式的误解"破题，点出许多人对丰田生产方式的误解，指出许多企业在导入丰田生产方式时只注重各种表象，而忽略其本质，从而导致导入企业陷入"徒具其形，尽失其神"的误区。 真正的丰田生产方式是一种经营哲学，其哲学内涵不仅止于表面的"象"，还必须兼顾其"体（本质）"与"用（作用）"的完整性，一个有生命的整体才是对丰田生产方式的完整描述。 作者随后又重点说明了丰田生产方式的四大根本思想（尊重人性、诸行无常、共存共荣、现地现物实情实态）对于建立持续改善文化的重要作用，并针对最重要的驱动因"人才培育"展开了详细的论述。

就"诸行无常"而言，丰田认为诸如最终消费者需求改变、外汇市场的汇率浮动等国际经济动态、政治局势、原材料价格暴涨、人手短缺等外部因素的波动和变化，再加上零件交货的延迟、电脑系统的故障等内部因素的波动和变化，都必然牵动或引发整个运营系统更多的连锁变化并为此付出昂贵的代价。 大部分的内部波动和变化大都可以通过改善来消除，这也是一般企业对丰田方法接触、研究得最多的领域，改善的重要性自不在话下。 至于面对无可避免的各种外部变化，唯一能做的就是"快速有效的响应"！ 因此，"打造整个企业快速响应的能力"理所当然地就成为所有员工都必须共同努力的核心课题。

就"共存共荣"而言，丰田把自己定位为满足各方需求的平台，并希望这个平台能够让需求各方从中获利。 这种兼善天下的胸襟，正是丰田成功凝聚各方力量、打造一个伟大集团的关键。 "共存共荣"是说起来容易、做起来无比困难的一件事。 为了实现这一伟大理想，丰田首先提出以先客户、次社区与供应商、三员工、四股东的排序原则，来梳理各方需求的冲突，厘清企业价值观的排序；其次，就如何实现共存共荣而言，丰田的方法论又回归到追求整条需求链与供应链的"刚好及时"的最高指导原则。 因为"刚好及时"不但是在追求整条供应链参与各方对"诸行无常"的快速响应能力，同时也等于是在追求整条供应链参与各方"以最少的资金，做最大的事业"，大家共同来实现这个理想就能互蒙其利。

就"尊重人性"而言，丰田认为只有通过改善活动将日常工作中存在的许多浪费性的、无价值的活动、作业和动作加以消除，才能把人们从无价值的工作中解放出来，然后专心一意地去做有价值的事情。也就是说，改善的作用就是为了让人们能够去做真正有价值的事情，这也是丰田所谓的"体现人性的价值"的第一层意义。在具体行动上，丰田不但全心全意鼓励人们努力为自己、为他人改善工作以提升工作的价值、体现人性的尊严，甚至据此制定了很多改善的原则。与此同时，丰田更加看重自尊需求与自我实现需求（马斯洛"需求5阶段说"中的后两种需求）的满足。要满足这两种心理层面的需求，除了前面提过的"把人们从无价值的工作中解放出来，然后专心一意地去做有价值的事情"的利他意义之外，最重要的就是通过改善活动让员工体验到自己的成长、对自我能力的认同、发挥潜能实现自我的喜悦（利己的价值），实现第二层"利己意义"。简言之，丰田的成功就是以改善活动的利己和利他意义来激活全员参与改善活动的内在动力（潜能）。

为了打造对变化（"诸行无常"）的快速响应能力、实现所有相关方的"共存共荣"以保证企业能够永续经营、体现人性的价值（"尊重人性"），都需要通过改善来实现，这就是为什么"持续改善"会被丰田摆在如此重要的位置的原因。

当一个企业相信持续改善的重要性，就能够理解由管理层为改善创造动力、化解阻力是理所当然的，所有的困难和障碍都是管理层必须共同面对并努力解决的。当这个信念一产生，上述所有的对策、作为或机制也就必然应运而生。

"造车之前先造人"是丰田人永远信奉的圭臬。不断地为持续改善动力的形成和维持创造环境条件和机制是企业的核心要务，这是丰田成功的关键，也是最值得我们学习的地方。

能够把运营章法与人的心性行为的因果逻辑关系厘清到如此澄澈的地步，因为澄澈所以正确，因为正确所以容易让人相信，所以能够让人心无旁骛不作他想而戮力奉行！这应该也是丰田如此受人尊敬的原因之一吧！

耐心体会，必有感悟！祝愿所有读者都能够通过此书，对丰田生产方式的整体哲学思想与核心精髓有更深刻的理解！在实践丰田生产方式的时候能够把握住清晰、完整而又正确的方向！祝福各位！

中国管理科学研究院企业管理创新研究所副所长
上海精博企业管理咨询有限公司首席顾问
蒋维豪

译者序

本书是继《会思考的丰田现场》之后，田中正知先生在中国出版的第二本书。在与田中先生邮件往来的过程中，我曾经询问过，他的第一本书是从制造哲学的角度出发，第二本书是从育人哲学的角度出发，而这种顺序安排是否也是别具匠心、刻意为之。先生的回答是肯定的，还把我的邮件内容贴到了他的个人博客上。

科学告诉我们"是什么"，哲学告诉我们"为什么"。田中先生一再强调哲学的重要性，就是因为很多企业通常只停留在"是什么"的层次，如所谓的"正确的推进方法是什么"、"推进团队如何建立"、"现场精益的工具、软件是什么"……也就是说，大家往往只将注意力放在表面的做法、工具上，而对于其背后更重要的"为什么"却很少从哲学角度去思考，或者即使思考了也还未找到正确答案。正是基于这种情况，田中先生先从制造现场的哲学思想入手（即《会思考的丰田现场》），继而推出了本书，讲述育人的哲学思想。

学习过丰田生产方式的人可能都听说过丰田有一句非常著名的话："造物即造人"。可见，丰田对于育人的重视程度有多高。目前，我国企业普遍面临的问题，也是如何留住人才、如何培养人才。盖因人才流动性太大，才使企业对于花钱育人缺乏信心。这样的结果，就是造成企业更喜欢从外面高薪聘请具有丰富经验的高级人才，而外来和尚念的经往往在他们被视为"外来的"时好听，等他们成为"自己的"时就会被发现"水土不服"。因此，我国的企业管理被夸张地誉为拥有世界上"最低的工资水平，和最高的管理成本"。

如何才能突破这个怪圈呢？难道我国企业只能从外面聘请人才吗？其实，田中先生在本书中所介绍的丰田育人法，就揭示了企业如何在内部培育人才的精髓。只有企业内部培育出的人才，才是最了解企业情况、最能为企业创造价值的。而自己培养出来的人才，成本也要低得多。为什么会这样呢？因为员工为企业服务，并非只是为了工资，他们更需要的是提高自己的个人能力，并通过工作证明自己的价值。

田中先生在书中曾多次提及大野耐一的育人法，即

"他每天都要思考如何在第二天为难下属"，"即使知道，也从来不说出答案，而是让员工自己去思考"，"要给员工分配工作，而非作业"……试想，一个人进入丰田公司，每天都接受这种育人方式，过了几年后，这个人要成长得多么强大啊！这样的公司还需要从外面聘请人才吗？从这样的公司出来的人能不受到社会的欢迎吗？在公司里每天都体验着成长的员工还会为了差异不大的工资而轻易跳槽吗？答案恐怕不言而喻。

我国企业在导入丰田生产方式时，对于"人的思想变化"往往是不够重视的，而如果这方面跟不上，只导入生产工具和方法，则不过是一个没有灵魂的表面形式，这是不可能成功的。田中先生的这本书着重介绍了丰田对"人的思想变化"的重视，并通过很多实例，生动地介绍了一些具体方法。由于育人的话题非常广泛，并非仅限于企业当中，而是涉及社会各个领域，因此田中先生特别强调，丰田的育人术，对全社会都有着十分重要的借鉴意义。在本书第五章中，田中先生就通过自身在大学里进行教育的体验，证明了丰田育人术的巨大威力。这实在值得我国各行各业的相关人士借鉴。

通过与田中先生的交流，我深深感受到他对中国传统文化的尊敬和热爱。一提起中国历史，他会如数家珍地举出一个又一个脍炙人口的事例，不禁让身为中国人的笔者汗颜。在谈到中日两国差异时，我们常喜欢把

"文化不同"挂在嘴边。然而，众所周知，日本文化的根源在中国，而且这种文化影响一直持续到今天。反倒是我们自己，在经过了新文化运动、三反五反、"文化大革命"等之后，不断远离自己的传统文化。纵观目前整个社会，无不充斥着西方价值观影响下的贪婪、自私与短视，其结果就是带来了全社会范围内的不可持续发展形态。也正是在这种环境下，我们更要谦虚地向始终保持着源自我国传统文化的日本学习，学习他们的企业管理理念，学习他们的育人哲学。也许从感情上，很多人会对这种出口转内销的传统文化学习有些抵触，但真正的金子不会因为它的主人是谁而有所不同，早晚会有发光的一天。

田中先生在本书中所强调的丰田育人术，具有非常深刻的中国传统文化的烙印。希望本书能被更多的国人阅读，以助我国企业在育人上更上一个台阶。

日本 MPM 研究所研究员

北京东文志通管理咨询有限公司总经理

赵城立

序言

　　"丰田汽车变了"……类似的报道似乎变得越来越多。

　　这几年，丰田多次发生了召回事件，甚至 2006 年发生了公司干部恶意隐瞒召回事件的事情。 丰田汽车在日本国内的召回事件中所占的比例，从 2001 年度的只有 1.4%，迅速增加到 2005 年度的 34.0%，超过日产的 3.5% 以及本田的 3.6% 将近 10 倍。 而 2001 年度，日产的比例是 11.9%，本田是 21.9%。 可见，在 4 年中，这两家公司都有了大幅改善，只有丰田大幅恶化了。

　　品质，曾经是最能反映出丰田特征的词汇，是丰田的代名词。 而如今，竟然在品质上出现如此大的下滑，如果这种情况持续下去，丰田汽车的未来将是非常危险的。

此外，2006年5月发生的负责丰田美国事业的北美丰田最高领导人对女秘书的性骚扰事件，成为震惊日美的一大诉讼案件。此次事件与召回事件的增加在同一时期发生，不由得使人们开始担心丰田正在逐渐显现出病态。

于是，开始出现这样的报道：

"从1995年开始的连续扩张，其负面因素已经逐渐显露出来了。"

"由于长期过于自满，已经患上了大企业病。"

"过去一直以生产好车为目标，利润是放在后面的。只要造出好车，利润便会随之而来的思想本来已经渗透到了丰田整体。但不知从什么时候开始，追求利润成为了企业最大的目的。这才是最近这些事件的根源。"

到2001年退休为止，我在丰田汽车工作了大约35年。

刚开始，我被分配到刚建成的高冈工厂，在最畅销车COROLLA的第1代到第4代的13年时间里，从员工到干部，先后从事了包括从试做车研讨到生产准备，以及月产6万辆的量产工厂的管理运营工作。然后被派往田原工厂，参加建设当时最新的第二装配工厂的工作，并以组装课长的身份自己组建了新的团队，实现了第1

代 SOARER 的正式投产。 投产以后，领导 600 名员工，负责月产 200 多亿日元的生产线，并为培育部下、提高品质和生产效率付出了相当多的努力。 在这里的 5 年，是我 25 年工厂职业生涯中，受到锻炼最多、被磨炼的密度最高的 5 年。

之后，我被派到总部的中枢部门，在对丰田集团各公司进行丰田方式指导的生产调查部担任了 2 年部长职务，又在将丰田的商品发送到全世界，负责构筑和维持物流网络的物流管理部担任了 6 年部长职务。

作为深入生产和物流第一线进行过指挥和指导，并亲身经历了丰田最辉煌时代的一员，我对这些现状的所见所闻，实在感到痛苦和悲伤。

写这本书，原本的初衷是这样的。

当丰田生产方式被世间所认知以后，很多企业都想学习到精髓。 但是，被到处宣传的丰田生产方式，实际上有很多错误的地方。 有许多企业都是只模仿到表面，却没有抓住本质，而自己却还以为已经完全理解了。

一提起丰田生产方式，经常会被理解成是可以大把赚钱，是给丰田带来高收益的源泉的生产方式。 而实际上丰田生产方式不只是意味着具体做法，还包括从经营高层到普通员工所有构成人员"对问题的观察方法和思维方式"，甚至应该说是哲学。 其基本思想是由众所周知的"自働化"和"准时化"这两个支柱所构成的。 这两个支柱是建立在坚实的基础（哲学）之上的。 这个基础，基本上可以用"尊重人性"、"诸行无常"、"共存共荣"、"现地现物"这四个方面来概括。 具体内容将在本书中逐个予以说明。

现在社会上出现了很多关于丰田的书籍，这些书基本上写的都是"现在丰田是这么做的"，而对于为什么要这么做却很少说明。 因为根本就不存在能够详细介绍丰田自身情况的手册之类的东西。 那为什么会这样呢？因为丰田生产方式不是通过阅读手册记住里面的内容而掌握的，而是需要通过实践用身体去体会。 这与茶道或插花等的练习是一样的。 这叫做"守、破、离"。 我研究室里的学生们对于制造业的理解是，"制造中感觉，感觉中思考，思考中创造"。 这句话说得很好，意思是说，先边模仿边试着自己做，在做的过程中会逐渐了解事物的性质和脾气，在这种了解的基础上再创造出自己的东西来。

为此，丰田生产方式认为五花大绑式的手册会成为改善的障碍。 在各种工作岗位上，要求员工必须从现场的气氛中学习丰田生产方式的基本思想，通过依照丰田生产方式进行工作来掌握其思维方式，然后在此基础上自己去发现问题，想出改善对策并亲自去实施。 通过这种方式逐渐磨炼自己和同事。 因此，丰田生产方式的实践与"丰田式人才培育"几乎是同义语。

　　如果说今天的丰田还算成功的话，那么也正是因为通过丰田生产方式的实践在育人上取得了成功，才能取得这样的成绩。　关于这里的育人，丰田在现场究竟是如何做的，本书想通过追溯丰田生产方式基础中的思想进行解说。　这也是撰写本书的初衷所在。

　　希望本书正确表达出了这种思想，从而能对想导入丰田生产方式的企业起到些许参考作用。　同时，对我自身而言，也是对在丰田度过大半人生的一个总结。

　　但是，看着开头的那些令人悲伤的报道，再听到一些甚至让人预感到丰田就要衰落的传言，我的想法有些改变了。　从创业以来，一直延续下来的基本思想，以及在此思想基础上确立起来的丰田生产方式已经开始出现了微妙的偏差。　特别是，作为最根本要素的育人，似乎已经不再像以前那样发挥效用了。　身为丰田的元老之一，我对此感到非常担心。

　　本书是我从熟悉高速成长时代的现场专家的角度，就丰田生产方式和丰田式人才培育等方面所撰写的经验之谈，应该可以成为正奋斗在世界各国生产现场的学习丰田生产方式的后辈们的声援曲。　他们在各种不同的文化中，为了创造佳绩，对现地、现物、实情、实态等进行着自己感觉，自己思考，自己实施对策。　希望本书可以给他们带去信心。

　　此外，本书还有这样的意愿。　现在，日本似乎在被不明来历、非常可怕的病毒侵蚀着，经常会发生恶性事件和事故。几乎没有一天不发生杀人事件，甚至直系亲属之间的杀人事件也层出不穷。因为一点儿小事就会轻率地杀人，而且还会找比自己更柔弱的孩子或老人下手。这在以前的日本是不可想象的。

企业的违法事件也层出不穷。一打开电视，每天都可以看到某家企业的老板面对着镜头，"这次给大家添了很多麻烦，实在是对不起！"然后深深鞠躬的画面。不管什么行业、规模大小、有没有知名度，似乎很多企业都患上了"违法病"。排成一排的高级干部们一齐弯腰鞠躬的场景，看多了就会令人产生疑问：他们难道以为只要道歉就完事了吗？

还有公务员的事件也很受瞩目。在书写本书的2006年8月，福冈市一名喝醉酒的公务员在驾车时发生撞车事故，把对面的车撞进了海里，乘坐RV车的3个孩子当场死亡。这次事故被媒体大肆报道，原本就正在实施查禁酒后开车的活动，而酒后开车导致的人身事故，尤其是由公务员引起的事故却仍然层出不穷。

像这种不由得让人怀疑日本是否已经疯狂了的事件、事例以及现象等，不胜枚举。从何时起，日本堕落成这样一个不守规矩、粗暴的社会呢？很明显，原因之一就是教育。身为门外汉，由我来评价日本的教育似乎有些不太恰当，但至少从我来看，日本社会战后的60年间，在育人的方向上出现了错误。

那么，应该怎样育人呢？ 对于育人的原点，从我所体验的"丰田式人才培育"中似乎可以找到答案。 相信如果将丰田所实践的育人法应用在社会各个角落，应该多少可以去除现在这些病毒。 这样说也许有些傲慢，但至少我是确信不疑的。

为什么这么说呢？ 因为丰田的育人法，就是古代日本人的处事方法、家族观、社交方法等，是以作为日本人理所当然的行为和价值观为基础的，是为了更好地生存必须与其他人一起努力的思想。 如果本书对于今后的教育方法能够多少产生一些影响，则作为作者，我会感到无比的自豪。

关于"丰田生产方式"的名称，是应该脱离老本家丰田公司而独立存在的。 我本身在丰田公司学习实践的丰田生产方式，是到我在职的 2001 年为止。 至于那之后如何，我没有资格进行评述。 因此，本书的"丰田生产方式"指的是我所经历的"丰田生产方式"。 为了区别与我所经历的"丰田生产方式"的不同，本书将用"社会上的丰田生产方式"来表述，希望读者对此予以理解。

丰田汽车从现在开始正好 1 年以后，将于 2007 年 11 月迎来创业 70 周年。 在此之前，本书能以这样的形式出版，我感到无比光荣。

023

最后，对多次劝我出版本书的日刊工业新闻社的奥村功、新日本编集企划的饭岛光雄表示深深的感谢。

制造大学教授

田中正知

2006 年 11 月

024

第 1 章
消除对丰田生产方式的误解

◆ 充满误解的 "丰田生产方式"

丰田汽车 2004 年 3 月的连结决算（美国式会计基准）在日本企业中首次实现了纯利润突破 1 兆日元大关。之后，到 2006 年 3 月为止，又连续 3 年突破了 1 兆日元。于是，在这种背景下，丰田生产方式又重新受到了各媒体的追捧，导入的企业也一下子增多起来。

但是，社会上对丰田生产方式的错误认识横行，可以说这些认识基本上都是错误的。实际上，也从没听说有哪家企业因为导入了这种方式而提高了业绩。这是为什么呢？

一个原因，是在还没有理解丰田生产方式本质的情况下，只导入其中的"准时化"、"看板方式"或"单元生产"等个别手法造成的。 其中，受到那些所谓"改善咨询师"们的影响也是很大的。 虽然不能说全部，但在这些改善咨询师当中，偶尔看到某家工厂导入丰田生产方式的过程，便将其当做"纯正"的真东西向其他公司介绍，这种人也不在少数。 于是，似像非像的丰田生产方式就这样传播开来，其结果是不言而喻的。

◆如何使丰田生产方式发挥效用

若想使丰田生产方式发挥效用，需要几个不可缺少的条件。 如果忽略了这些条件，只从形式上导入，就会出问题。 这点后面会作详细解说。

总之，必须在最高经营者强有力的领导下，让全公司都动起来，丰田生产方式才有可能成功。 如果只在生产部门进行导入，恐怕会很难见到效果。 很多情况下，积极导入丰田生产方式的人都会被有既得权益者所孤立，被守旧派所敌视。 越努力的人受敌越多。 因此，必须要有一套能够鼓励这些努力者的人事考核机制，同时还要对公司全体员工进行相应的教育。 由此可见，得到人事部、培训部的支持是必不可少的。

比如，导入的结果，使生产同样数量的产品所需时间缩短了 1 个小时。 那么，如何使用这 1 个小时呢?

这个如果不弄清楚，时间缩短的意义就会消失。 实际上，这里是导入时的盲点所在，胡乱进行"改善"是不行的。

要想使丰田生产方式扎下根来，必须先准备好相应的"地基"。 比如，针对"改善"，使员工之间建立起可以诚恳地进行讨论的人际关系等。 事实上，像这样可以边考虑如何培养这种土壤和氛围，边进行导入的企业鲜有耳闻。

◆导入时首先要考虑的是如何对待多出来的员工

丰田生产方式的确立是需要有相应的"地基"的。 这个"地基"指的是，现场的岗位要有浓厚的人际关系，员工们能够互相帮助、互相切磋、不断提高自己，总想着如何把本岗位变得更好、把公司变得更好。 当导入丰田生产方式，应用了一些方法和工具，并产生一些效果时，如果把多出来的员工解雇，则从那一瞬间开始丰田生产方式就不起作用了。 把参加改善的人解雇，就等于是让死刑犯去挖自己的坟墓，挖好以后再把这些死刑犯处死，并埋进他们自己挖的坟墓里一样。 从真心想让岗位变得更好、让公司变得更好的动机出发提出的改善建议，如果最终造成自己被解雇的结局，则很快"地基"中浓厚的人际关系就会遭到破坏，员工之间就会互

003

相揣测，互相拖后腿，于是公司也就会变成"地狱"。

当丰田直接参与其他公司的改善时，首先要向对方的一把手确认当多出人时的处置方法，这时必须保证将不解雇员工作为首要条件。这也是理所当然的。

◆ 如同把右侧通行变为左侧通行

即使准备好了相应的"地基"，丰田生产方式的导入也不是能够轻易成功的。很多企业在导入时是缺乏这种认识的。我在给人作说明时，对于这种难度曾经举过下面的例子。

"日本的汽车是靠左侧行驶。如果变成靠右侧行驶会怎么样呢？要改变路标，重新粉刷车行线，还得改变所有的信号灯。在大众对此变化习惯以前，必须进行相应的教育和研修，需要花费巨大的费用和时间。日本在以前美国归还冲绳时曾经历过这方面的事情，实在是一项非常庞大的工程。听起来似乎有些骇人听闻，不过要想从零开始导入丰田生产方式，确实需要作好这样的思想准备。"

对上面这个例子可能一下子接受起来比较困难，很多人会对此持怀疑态度，认为不过是改变一下生产方式而已，有这么夸张吗？希望有这种想法的读者，继续阅读下面的内容。

◆丰田生产方式不是方法论，而是经营哲学

最大的误解，是有太多的经营者和负责人，把丰田生产方式看成是"只不过是为了提高生产效率的工具而已"。 但丰田生产方式绝不只是生产效率改善的工具而已，而是涉及对于企业的形态和理念该如何思考、如何构筑的经营哲学。

那么，企业是为了什么而存在，以什么为目标呢？

"员工幸福，顾客就能幸福！"

用至简的方法来表示，丰田就是在朝着这个方向努力。 而为了达到这个目标，丰田生产方式就是最好的指针。

把一种生产方式称为哲学，乍听起来似乎会觉得有些不适应。 确实，不可否认，经常会由于这个名字而引起误解。 其实，这种生产方式最初的出发点就是以如何实现高效生产、提高竞争力为目的的。 不过，在对其不断进行研究、钻研的过程中，便不知不觉地成为了追求公司自身形态的道场。

为什么会这样呢？ 因为并不是只要实现了生产工序的效率化，销售额就会上升，利润率就会提高。 而是如果从开发到销售，再到物流的所有机能不能整体得到提高，不能一齐联动，就不会实现整体业绩的上升。 此外，支撑公司的是员工。 如果员工不能为工作付出真

心，公司就不会变好。 要想使员工付出真心，就需要让他们对工作感到有价值，甚至联系到生命的意义。 这样的员工多了，公司自然就会变好，员工也会感到幸福。

那么，为什么丰田生产方式就是表示公司形态的指针呢？ 请继续阅读下面的内容。

◆意识变革

对哲学这种表现形式感觉不妥的人，会对意识变革这样的说法产生疑问。 尊敬的大野耐一（当时是丰田的副社长）亲自领导并确立起丰田生产方式的原型，被制造业界奉如上帝。 他在 1978 年出版的《丰田生产方式——脱规模的经营》一书中，写了这样的话："丰田生产方式就是意识变革"。

意识变革指的是什么呢？ 首先，对于自己公司想变成什么样先描绘出理想的愿景，然后为了接近这个理想愿景，逐渐改变经营阵营和员工的意识，这就是意识变革。 丰田生产方式显示了这个意识变革的形态，同时也起到了推动意识变革的作用。

说起意识变革，不由得使人想起 YAMATO 运输第二代社长、创立宅急送的小仓昌夫。 YAMATO 运输是曾经为皇室家族长期提供服务的名门企业，由于开始着手长距离运输比较晚，于 20 世纪 70 年代初陷入了赤字。 小仓先生对如何才能实现公司重建，经过深思熟虑以后，决定开始提供为一般市民运送小批量货物的服务。 于是，设计出由 YAMATO 到各家各户去取包裹，并保证在取到包裹的第二天送到目的地这两种划时代的服务。 他力排包括父亲在内的高管们的反对，将此服务付诸实施。

据说，那时最难办的就是对司机进行"销售司机"的意识变革。 以前，司机们处理的是大宗货物的运输服务。 这种大宗货物运输只需一个电话车就能装满，而小批量货物就没这么容易了。 尤其是其中很多人正是由于不善于与人交流，才选择司机的工作的。 因此，开始他们对于到顾客家门口亲手递交包裹的工作非常不习惯。如果不对这些司机不擅长的意识进行变革，就不会有后来宅急送的成功。

当时，货物的配送费用是由法律规定的。 质量越大的物体，每单位质量的利润率就越小。 而小仓先生把大宗货物的配送变为小批量派送，就是瞄准了这种商机。因此，他不厌其烦地向司机们解释：小批量比大批量的利润率要高。 但是，已经习惯了大宗货物配送的司机们的意识却很难改变。

最后，终于从意想不到的地方出现了转机。 每当把包裹交到顾客手里时，顾客都会说："这么快呀，谢谢！"正是这种"谢谢的体验"给司机们心里点燃了火花。 因为在当时，司机是一种灰色的存在，迟到会受到责备，而像这样被顾客感谢的体验却从来没有过。 于是，从此支持宅急送的司机开始多起来。

从这个例子可以看出，世界正处在不断变化之中，企业必须时刻应对各种变化，必要的时候要下决心进行意识变革。 大野耐一指出，丰田生产方式在这个背景下可以起到很大的作用。

◆ 自働化的概念

大野耐一的《丰田生产方式》自发行以来已经过了20多年，现在仍然作为"丰田书籍"中的畅销书，被摆在书店里。 可能是因为对该书没有读透，至今认为"丰田生产方式"是大野耐一一个人思考、提倡出来的人仍不在少数。 但是，事实上不是这样的。

"丰田生产方式"的基础，是丰田集团的创始人丰田佐吉和其长子——创建丰田汽车的丰田喜一郎社长构筑起来的。 下面简单回顾一下历史。

众所周知，丰田生产方式里有"自働化"的概念。这里的"働"不是"自动"的"动"，而是带人字旁的"働"。

当时的自动织机面临的课题是"断线"。 机器转得越快，"由断线引起机器停止"的问题就越严重。 织机的工作原理是，在纵线之间用"杼"往返以插入横线，通过线的交叉织出布来。 在织的过程中，横线会用完。横线用完以后，织机的动作也不会停止。 于是，为了能够尽快补充横线，要在每台机器前面安置一名女工监视。

丰田佐吉针对这种情况，便想出了一个当横线的剩余部分减少时，机器可以自动发现，并换上新"杼"的装置。 但是，光这样还是不能把女工从机器旁解放出来。 因为，虽然没有横线用完的频度那么高，但会时不时出现纵线断掉（切断）的问题。 哪怕几千根纵线之中有一根断掉，织出的布也会失去商用价值。 于是，只能将布拆开至断线的地方，然后再按上，重新织。 如果在纵线断掉的瞬间机器不能停止，则后面的补救工作就会很麻烦，于是不得不在每一台机器前面都安排一名女工专门监视断线。

针对这种情况，丰田佐吉便开始思考能否制造出能够在纵线断线的瞬间自动感知、自动停止的机器。 即监视机能不用人来做，而是让机器来完成。 如果机器在发现异常情况时能自动停止，并发出警报，然后等在那里，则女工们就可以从机器旁解放出来，只负责调整停止的机器就可以了。 这样，一个人就可以同时负责很多台机器。

对这种可以在自己"转动"的同时，自己发现异常，自己停止并进行等待的机器，丰田佐吉为之取名为"自働机"。在 IT 连影子都没有的时代，丰田佐吉以毫不动摇的执著心，终于开发设计并制造出了这一"大作"。结果，一名女工可以同时管理大约 30 台机器。这就是丰田佐吉曾经轰动一时的发明经过。

丰田佐吉怀着对自己开发的"自働机"的自豪感，将自己公司的名字定为"丰田自働织机制作所"。据说，很多人以为丰田佐吉没有什么学问，把汉字搞错了，于是好几年都把名字写成"自动织机"。对此感兴趣的读者，可以到名古屋车站附近的"产业技术纪念馆"去参观一下。

下面再来看一看"自働化"的意思。

生产和工作都避免不了"异常"情况。可以说，每天的生产，都会发生各种各样的"异常"，需要马上处理。现场希望尽可能减少异常的发生，对于可能发展成致命问题的异常，则希望绝对避免。为此，最好的办法就是防患于未然。

"自働化"就是针对这种情况的概念。即在机器里设置各种"监视活动"的机能，以防止事故和问题的发生。同时，尽可能不让机器自身发生异常，从而提高质量和产量，这也可以实现节约用人（省人化）。

另一个效用是从"通知异常"中派生出来的"可视化"。

现在，在比较先进的工厂里，使现场的现状、发生的问题、有多少中间产品和完成品等都可以一目了然的"可视化"活动，正在各领域迅速推广。 这个概念就来自于丰田生产方式，而如今已经被活用于各个领域。

"可视化"实际上就是"将管理实现可视化"。 现在这句话已经成为了通用语，不只是生产现场，同时也被活用于其他行业或岗位。

◆ 准时化的源头

丰田生产方式的核心概念"准时化"，是由丰田佐吉的长子，创建丰田汽车的丰田喜一郎社长提出的。 丰田喜一郎从创业之初，就用这句话教育员工每天的工作应该如何对待。 在与《丰田生产方式》出版的 1978 年同年出版的公司史《丰田的历程》中，关于丰田喜一郎提出的准时化的特点，即不被既有观念所束缚的创新思想，记述了这样一段插曲。

"这是刚开始制造汽车时说的话，把'准时化'这几个字贴在了墙上……"
"把 1 天加工的发动机，比如 20 个，在早上运过来，剩下的便不能放在这儿。喜一郎经常到工厂里转，于是多余的部分大家就都搬出去了……"

这虽然只是员工之间的对话，但从中可以知道丰田喜一郎对准时化是何等的重视。他是从哪里得来的这个想法呢？

在丰田汽车创业之初，被称为三巨头的通用、福特、克莱斯勒三家汽车公司所生产的汽车数量是日本的800倍。在这种背景下，又没资金、又没设备、又贫穷的丰田如何去战胜美国公司呢？当时的丰田喜一郎社长认为，只有通过减少与生产相关的"不必要"、"不稳定"、"不合理"来节约流动资金。

从那时起，便产生了"在必要的时候提供必要的材料生产必要数量的汽车，绝不生产库存"的思想。这就是准时化。丰田喜一郎似乎说过，"不要仓库"的同时，准时化中还有"必须赶得上"交货期的意思。所有的产品都要按照刚好赶上交货期的时机进行生产。这句话确实很好地表现出了以少量流动资金干大工作的要义所在。

丰田喜一郎应用父亲发明的自働织机技术，开始制造即将普及全世界的汽车。拼命追求自己梦想的丰田喜一郎社长，与其父一样，也是个技术员出身。他以强于常人的探索心、好奇心和上进心，历尽千辛万苦，经过不断试验，终于从零开始生产出了纯国产车。生产活动也一样，全部是从零开始，边摸索边进行的。

可以说，准时化方式是丰田喜一郎以一名技术员的魂和本能，在不断重复试行错误的过程中达到的境界。
在此过程中，便产生了很多为了实现准时化的手法，也
诞生了"看板方式"，从而也使现在的丰田生产方式逐
渐成形。 其中，怀着强烈的信念和热情，带领整个公司
将丰田生产方式集大成，并使其固定下来的是大野
耐一。

◆不解雇员工

丰田生产方式不是单独起作用的。 要想出成果，必
须有背后支撑的环境。

我在演讲时，经常会被问及，"丰田为什么会这么
强大？"每到这时，我都会这样回答，"丰田有很多由
佐吉和喜一郎播种、培育、留下的很好的'遗风'。 之
所以能如此强大，正是因为愚直地保持这些遗风，所有
员工团结在一起，把全部精力都放在了如何制造好车
上。 这样做的结果，就是增强了利润和竞争力……"

使丰田生产方式发挥作用的"环境"，很多都是在
这个"遗风"下创造出来的。 这里对其中几个作一下
介绍。

1945 年迎来战争结束的丰田，与其他企业一样，是
从废墟中开始重建的，其道路之艰辛实在难以言表。 最
初遇到的问题是材料不足和人手不足。 由于提供原材料

的钢铁业和煤炭产业等受到了毁灭性的打击，想造车也是不可能的。 同时，战死的员工很多，因此人手也不足。 随着战后的复兴，日本经济整体处于严重的商品不足、物价高涨的通货膨胀状态之中，自由主义经济濒临破产。 对此十分担心的美国派专家团来，帮助制定经济复苏政策。 这就是被称为"Dodge's Line（道奇之线）"的通货紧缩政策。 紧缩政策的后果，直接影响到汽车主要使用者——中小企业——的资金周转，使应收账款的回收陷入了大量停滞之中。

于是，丰田不得不开始大规模减产。 在1949年首年度的5年计划中，当初预计一年生产15840辆，而后来一下子减少了3000多辆。 但是，经营还是不见好转，于是便发生了晚发工资的事情。 这时，支援银行集团提出建议，把销售部门从生产部门中分离出去，各自独立管理自己的钱包，想以此渡过难关，这个建议被接受了。 1950年4月，制售分离，丰田被分成了丰田汽车工业和丰田汽车销售两家公司。

但是，即便这样也不能完全摆脱经营危机的状况。工会看到人员调整已经不可避免，便组织了大规模罢工示威游行，与经营方进入了临战状态。 从1950年4月到5月，双方共进行了36次谈判，劳资双方分别提出了公司再建提案，但最终都以失败告终。 伴随着争议的长期化，累积的赤字越来越大。 在日银名古屋支店长的斡旋下，丰田与支援银行集团就联合融资一事进行了交涉，但对方的条件是必须进行人员调整。 计划调整的人数是1600 人。 当时公司员工一共有 8000 名，相当于有 2 成的员工被削减。 当时还是社长的丰田喜一郎表示，"无论如何，也绝不能抛弃员工，这个要求不能接受"，对此条件坚决反对。 为此，融资的事曾经一度撤销。

但是后来工会方面认为，"没有公司就没有员工"，为了公司继续存在下去，于是流着眼泪作出决议，接受人员调整。 这样，丰田喜一郎强忍悲痛接受了银行的要求，劳资交涉实现妥协，暂时回避了经营危机。 退职的人，最终增加到了 2000 多人。

创业以来，不管是苦是乐，员工们都把公司当做了自己的家。 而面对不得不解雇这些可爱员工的窘境，丰田喜一郎心中痛苦的滋味可想而知。 尤其他又是个责任感很强的人，因此对此事非常自责。 于是，他提出"已经无法再以社长的身份在这个公司里待下去了"，并递交了辞呈。 由于所有高级干部都与丰田喜一郎是同样的心情，因此所有经营干部全体辞职，把权力交给了以石田退三为社长的新经营团队。

◆ 男人和男人之间的约定

历尽万难建立起来的汽车公司，作为创始人的丰田喜一郎就这样离开了！

怀有"用日本人的头脑和技术生产出全世界通用的汽车"的宏伟梦想的丰田喜一郎的离去，使与其一起流过汗、共同努力过来的员工们对他未能完成自己的志愿而感到惋惜，众皆挥泪。一直以大将身份辅佐丰田喜一郎的石田退三发誓道，"要尽可能实现公司重建，再次奉迎喜一郎社长，实现'大政奉还'。"这其实也是所有员工们的共同心声。

但是，这个梦没有圆成，丰田喜一郎就在一年零八个月后的1952年3月，以仅仅57岁的年纪便早早离世而去了。当时所有员工的巨大遗憾和悲痛无以言表，但是大家的心情，却成了后来丰田发展的原动力。

实际上，这里还有一个插曲。后来发现，在围绕人员调整的劳资双方交换的签字书上有一处不完备的地方——有一处没有盖章。利用这个漏洞，就可以以"签字不成立"为由对工会方面反悔。比如，还可以增加人员调整的人数。实际上，还有人主张可以增加高层管理人员的人数。但当时的常务丰田英二（丰田佐吉的外甥）坚决反对这么做。他说，"这不只是一张纸而已，而是男人和男人之间的约定，所以不管发生什么都要遵守。"

◆ 最高经营者的志向

那时我还没有进入丰田，进入公司以后，从前辈口中听到了很多这方面的传闻，使我对丰田喜一郎社长不由得肃然起敬。 于是，开始阅读有关方面的资料，从而对当时的情况更为清楚。

当时已经到了无计可施，不得不解雇员工的地步，于是，他自己也以身作则，以分担员工的痛楚。 如今，到哪里去找这样心灵纯洁的经营者呢？

经济泡沫破灭后，到处都在裁员，却从来听不到有哪家经营者辞职的消息。 相反，在实行裁员政策后，一旦业绩得以恢复，便将此作为自己的成绩到处炫耀。 这样的经营者随处可见。

但丰田的历代经营者们，在这一点上是态度鲜明的。 他们都坚定这样的信念：不得不解雇员工的经营，对于经营者来说是莫大的耻辱。 在经济不景气时，全世界的汽车公司都会轻易地进行人员调整。 在奥田硕担任经团连的会长时，曾向媒体明确表示，"丰田不管发生什么事情，都不会解雇员工。"对此，美国的投资风险评价机构以"剩余人员会降低经营效率"为由，降低了对丰田的评价。 奥田会长对此予以了猛烈的反驳，这曾经震动了经济杂志和报纸等媒体。 后来，丰田的表现证明了奥田会长的主张，美国投资风险评价机构又将对丰田的评价恢复到了最高档。 据某经济界记者说，当时，对奥田会长的鲜明态度拍手称快的职场人士有很多，"背后的奥田粉丝"也增加了不少。

丰田的原上司池渕浩介副会长曾经对我说过这样的话，"假设丰田到了要解雇员工的时候，那必须是在采取了所有对策都无效的情况下。 而且在解雇员工之前，经营首脑必须也作好自己辞职的准备。"

事实上，丰田以1950年的劳资争议为界线，开始了公司的飞跃。

当时就任社长的，就是后来留下《自己的城池要由自己来守》一书，宣称"打造即使只开工70%也可以生存下去的公司"的石田退三。

在我刚进公司时，就听到了很多关于石田社长曾多次表态的话，"我是近江商人，所以非常小气，拼命地减少浪费，尽可能地存钱。 英二，你是搞技术的，就好好地把精力用在如何造出好车上。 需要多少钱尽管用。"

这里的丰田英二（最高顾问），作为社长的右腕，创设了在新车开发中握有全权的"主查制度"，并开发出了日本的名车"皇冠"。 同时，还促进了工厂设备的近代化。 1960年，又建设了日本第一家专门生产轿车的"元町工厂"。 在丰田英二成为社长后的1966年，公司发表了大众车"COROLLA"。 为了生产COROLLA，建立了比当时丰田全部生产能力还要强大的发动机专门

工厂 "上乡工厂"，以及 COROLLA 的专门生产工厂 "高冈工厂"。 从此，借助国内的汽车销售高潮，丰田名副其实地一跃成为日本第一的汽车公司。

我就是在这种情况下的第二年进入了丰田公司，在高冈工厂伴随着 COROLLA 的飞跃发展，度过了 13 年的时光。 2006 年 COROLLA 已经诞生 40 周年，第 10 代 COROLLA 也已面世了。 这 40 年中累计生产数量达到了 3164 万辆（到 2006 年 6 月为止），成为销往世界 140 多个国家的名车。

如上所述，劳资争议之后公司所取得的飞跃发展，其背后当然有很大的时代进步因素，除此之外，还有其他方面的原因。 这就是，由后继的石田退三、丰田英二两位对丰田喜一郎社长遗志的继承。 正是在这两位前、后任社长的带领下，才将一度陷入危机的丰田培育成了一流汽车公司，并将丰田喜一郎社长对国产车的热切愿望变成了现实，将员工与公司紧紧结合在了一起，这才是真正实现公司如此飞跃发展的原动力。 我坚信这一点。

◆ 家族主义

从上面劳动争议的例子中可以看出，丰田喜一郎社长是非常重视员工的。 员工们不管在困难时还是顺利时，都互相帮助、互相支持，他们是一种为公司而工作的存在，即大家都有一种强烈的"家族"意识。 因此，重视每一名员工，把员工当做一家人来看待，这种氛围在丰田依然存在。

以前，日本有很多标榜家族主义的企业。 从 1955 年到 20 世纪 80 年代初，支撑着日本高速成长的是以年功序列和家族主义为支柱的经营形态，这一点也得到了欧美国家的赞誉。 后来，随着经济环境的变化，美国式无感情的经营形态成为了主流。 到了现在，能够维持这种家族主义的公司似乎只剩下松下电器和丰田了。

那么，家族主义与丰田生产方式是如何结合在一起的呢？ 后面将详细叙述，丰田生产方式的核心之一就是公司内的人际关系。

当生产现场出现困难或产生问题时，可以忽略上下级关系和部门差异而与任何人商量。 或者对任何自己认为有问题的地方提出意见。 如果没有灵活的、温暖的人际关系，即使去商量也会被敷衍了事，即使提出改善建议也会被拒绝。 只有大家从心里认为，大家都是公司大家庭里的一员，应该一起努力，这才是丰田生产方式所必需的。

此外，还有一个不能忘记的"遗风"，即"绝对不能让公司倒闭"的信念。 不只是经营者，所有员工都要有这种坚定的信念。

020

尊重人性的本质

有员工才有公司，有公司才有员工

- -

爱护员工如同爱护家人

- -

探索生命的价值、工作的意义…

- -

以自己、职场、公司为荣…

请原谅我

绝不开除员工

丰田认为公司存在的最大理由是，通过汽车的生产和销售实现对社会全体的贡献，以及实现所有员工的幸福。表面上也许其他公司也都一样，但是能够像丰田这样真挚的，而且诚实的企业却几乎找不到。那么，使员工幸福指的是什么呢？这是指，得到可以满足生活的收入，对自己的工作产生无限的欢喜，每天可以尽情地工作和生活，得到可以实现自己理想的满足感等。同时，还有可以与向着相同目标一起努力的同事共事的幸福。

　　丰田有作为公司的梦想，而每个员工也有各自的梦想。丰田最期待的，就是很多员工为了实现自己的梦想而进入公司。在员工中，因为丰田公司是个大企业，因为公司非常稳定，因为公司很有名……以这些理由而进入公司的员工不乏其人。但是，大部分是想在这个公司里作出成就而进来的。也就是说，很多人把公司看做是可以找到生命的意义，可以实现自己梦想的场所。而丰田认为，公司的作用正是要提供这样的场所。

　　我在做部长时，把如何将员工的个人梦想和目标与公司的目标统一起来看做是干部重要的任务所在，于是经常找机会与部下谈心，为二者的调和下了很大功夫。其实，这种调和，正是育人的精要所在。当员工的梦想和公司的方针达成一致时，员工会焕发出生机，发挥出强大的力量，从而快速成长起来。能够培育出这样的员工，也是作为干部的梦想。

◆正因为是三河地区的中小企业所以才能成功

丰田的发祥地——爱知县丰田市，现在已经成为了拥有 40 万人口的城市，而当初刚建厂时，只是一片农地而已。 丰田的人，不管是经营者还是员工，大家都以"三河的中小企业"的意识工作着。 即使在成为世界之冠的今天，仍然固守在三河地区，以中小企业的意识工作着。

这种思想，可以从各个方面表现出来。 比如，将总部转移到东京这样的大城市的想法，在丰田丝毫也不存在。 不管到了什么时代，总部一定要设在工厂旁边。而且，设计和生产的核心团队也要设在总部附近。 哪怕丰田在世界上很多地方设立工厂时，这个原则也从未改变过。 2005 年丰田建立的新总部仍然是在与工厂只有一路之隔的地方。

前面讲过，在丰田，家族主义已经深深扎下根来。其背景是，公司里存在着"自创业以来，大家都非常辛苦，公司是大家的"这种强烈的伙伴意识。 如果失去这种意识，丰田就无法保持凝聚力。 甚至说得更严重点儿，丰田就不能继续作为公司存在下去。 正是因为在根底里有"我们是中小企业，大家都是一个家族的……"这种浓厚的人际关系，丰田生产方式才能够发挥出如此巨大的作用。

将生产团队和设计团队设置在邻近的地方，还有着更积极的意义。 在其他汽车公司里，一般设计团队都会比生产团队更"厉害"。 而制定公司战略、决定开发方针的总部一般都会比设计团队更"厉害"。 这种各部门之间不对等的状况非常普遍。

要想顺利推进工作，最理想的状态是相互之间确立起关系对等、可以随意交流的关系。 比如，为了更容易生产，有时需要在设计上进行修改。 而如果将生产团队看成是最下层的部门，在这样的公司里，想要求设计部门对图纸进行修改，首先是不可能的。 但是在丰田，这是很简单的，因为物理上的距离很近，可以随时促膝商谈。 这一点的好处是无法计算的。

说起三河，日本人都会想起开创德川幕府的德川家康。 对于德川家康的评价有好有坏，但其中有一点是肯定的，就是他很重视家臣团。 这也是能够使幕府长时间存在的原因之一。 如此说来，德川家康以来的"三河脾气"在今天的丰田依然十分浓厚。

◆认为自己脑袋笨的员工很多

丰田还有一个特征，认为"自己脑袋笨"的员工很多。

谁都愿意自己脑袋好。 但是，如果脑袋太好也麻烦。 如果坚信自己脑袋好，结果就会更糟糕。 因为，不管什么都认为自己已经理解了，于是有时就会忽略问题的本质。 比如，听到报告以后，就认为自己已经把握了一切，就不再去现场确认。 这就像听了电视新闻里记者的报道以后，就认为已经掌握了世界所有的动向一样。 记者报道的只不过是那个时点他个人的看法，而如果从别的角度去看，也许可以看到不同的结果。

现在，只从道理上去思考，只凭数字便作出判断的倾向很严重。 只通过数字可以知道多少准确的信息呢？尤其是在制造业的世界里，不只依赖数字，而是自己实际去看，用手去摸，这样得到的信息才是最重要的。 如果头脑太好，就不愿意听进别人的意见。 毫不谦虚，总认为自己的想法是最正确的。 这样的思想导致公司经营不善的例子数不胜数。

在丰田，由于大家都认为自己的脑袋很笨，因此遇到不懂的事就会马上问别人，既谦虚又坦率。 甚至有时问到被问的人想责怪"你难道没有自尊心吗？"的程度，仍然老老实实低着头继续请教。 但是，实际上我认为这正是丰田之所以强大的地方。 当遇到困难时，谦虚、坦率地向周围人询问、商量，结果便可以集中大家的智慧，取得意想不到的成果。

这里有一段以前听到过的话，一直留在我的心里。是关于将明治维新与太平洋战争进行对比的。

"挑起对方的内战，并趁乱实现殖民地化是当时列强的惯用手段。果然，在明治维新前夕，政府军投靠了英国，幕府军投靠了法国。如果维新战争长期化，日本就会被殖民地化，分成英领日本和法领日本的分割统治。得以避免这种情况的，是在幕府军和政府军中掌握实权的下级武士们。他们并不是受过高等教育的高级人才。详细情况不太清楚，总之，结果是摆脱了列强的统治，实现了明治维新。

　　"另一方面，在太平洋战争中负责指挥的将军们，都是超级精锐。从结果来看，他们不承认失败，也不进行反省和轨道修正，竟然决定要进行本土决战，使1亿人玉碎等，作出了让人难以置信的决定。在原子弹投下后的御前会议上，昭和天皇冒着生命的危险，接受了《波茨坦宣言》，作出了英明的决断。正因如此，才有了今天的日本。真不敢想象，如果没有这个英明决断，今天会怎样……"

　　这是个非常含蓄的故事。极端点儿说，通过下级军官们的努力实现开国的日本，大约70年后，被超级精锐集团毁灭了。

　　从我对今天很多企业的观察，可以发现很多与这个故事相似的地方。有的公司的发展轨迹完全与故事相同，有的公司已经非常接近。为了避免出现故事中的结局，就需要在事前进行公司内部改革。

第 2 章
在丰田生产方式根底里流动的思想和哲学

◆ 把员工的力量完全发挥出来

本章将对构成丰田生产方式的四个基本思想"人性尊重"、"诸行无常"、"共存共荣"、"现地现物实情实态"进行论述。 当中会出现一些禅学的内容,希望没有兴趣的读者也可以简单浏览一下。

在四个思想之中最先提到"人性尊重"是有理由的。 在丰田,让员工边工作边体验生命与工作的意义是最大的目的。 让员工对工作产生自豪感,对劳动感到欢喜,向着目标不断前进,然后,与同事们一起在实现目标时体验那种成就感。 这就是丰田对员工们的希望。

为此公司应该做的是什么呢? 为了把员工的力量发

挥出 12 分来，公司必须整备和提供相应的环境。 人的能力是无限的。 即使自己认为自己的能力有限，但通过各种暗示，自己再付出努力，原本 10 分的力量是可以发挥到 11、12 分的。

公司必须创造这种机会，提供容易付出努力的环境。 在取得一定的成果时，对其所付出的努力予以认可，并进行正当的评价。 不只是公司，与该员工一起工作的同事们也要予以认可。 对于丰田来说，这就是"对人性的尊重"。

当一个人遇到一个大舞台时，便会自然产生一种再加把劲儿的想法。 在自己努力的过程中，便会自然地产生自信，于是会涌起再去迎接更大挑战的勇气。 这样，每上升一个台阶，员工就会得到一次提高。 公司要对员工的成长进行支援，并一直予以关注。 这样，公司与员工之间就会自然产生一种信赖关系。

◆公司与监狱的区别

突然提出作这种比较似乎有些唐突，下面来看一下公司和监狱的区别。

据说，在监狱里受刑的人都在过着有规律的、健康的生活。 早上几点起床、几点吃早点、工作时间从几点到几点、几点睡觉等，一天的日程安排都固定下来了。

公司与监狱的差异

相信部下，在组织内揭示具有挑战性的目标

团队合作挑战目标，一起分享达成的喜悦

对事不对人

抽调出最优秀的人才
　　抽调出来的人可以自豪地挑战下个工作
　　其余的人则迎战新的目标

※只要全力以赴就有可能达成特定目标

在监狱中无法获得充实感

菜单是由专家从营养均衡的角度制定的。 此外，为了锻炼身体，每天还规定必须按时做广播体操。 至于劳动所得，将会在每个人离开监狱时发放。 如果生病，也会由国家来负担接受医院的治疗。

这样，在里边生活可以不用担心任何琐事，于是，在犯人中间出现不愿出狱的人也就不足为奇了。 不但如此，有时甚至会出现有的人为了能进监狱而故意犯罪的情况。

与监狱中的生活相比，公司职员的生活则显得非常紧张。 至少工作是非常辛苦的。 与监狱里必须在规定的时间做规定的工作不同，公司里会给员工安排各种课题，然后让大家拼命去努力。 因此，在员工当中，也不乏真心向往监狱生活的人。

但是，在公司里可以得到犯人无法得到的充实感。这就是工作的意义所在。 当一直无法完成的工作有一天突然成功时的喜悦，得到上司和周围同事们认可时的成就感，以及昨天犯了 3 个错误，而今天减少到 2 个时的进步的欢喜等，这些感觉是在监狱里体会不到的。 正是因为大家做着非常忙碌的工作，才有可能体会到这种喜悦。

在丰田生产方式下，对这种工作的意义是非常重视的。

◆欧美的工作观和日本的工作观

　　丰田开始在美国建厂投产是在 1985 年，这在日本的汽车厂家中是第 3 个。 如果想当第 1 个，丰田早就当了，之所以没有着急，是因为考虑到日本人工作观和美国人工作观的不同。 雇用这些脾气秉性、思维方式等都不同的美国人，来实践丰田流的生产方式，究竟是否可行，这种担心在当时的经营高层中是很普遍的。

　　《旧约圣经》上说，吃下禁食的苹果的亚当和夏娃被从伊甸园驱逐出去，依靠自己谋生。 这里所反映出的思想是"工作就是惩罚"。 欧美人完全在合同的范围内工作，合同条款里没有记载的工作绝对不做。 工作到时间以后马上就起身回家，从这里也可以看出大家把工作看成是惩罚的意识。 我个人认为，欧美奴隶制度的产生，也是受到了这种"劳动就是惩罚，应该让奴隶们去工作"的思想影响。

　　再来看看日本。 日本人把能够为大家付出看成是自己的幸福，因此工作是高兴的事情。 从与上帝的关系来看，欧美人与上帝之间是契约关系，而日本人则是虔诚地面对上帝，毕恭毕敬地向其请教大自然的真理。 也正因此，在日本公司的职场里经常可以看到设有小神龛或祠堂等。 在酿酒或造刀的地方，还会用绳子和镜子围起来，完成精进洁斋的仪式以后才能进入工作。 其背后就有认为工作是神圣的思想在里面。 此外，人在神灵面前会变得谦虚，会不由得涌起向神祈求成功的意识，然后便可以将全身心投入工作中去。

在这种文化背景下成长起来的丰田员工，怎样才能实现与只按照契约规定去工作的美国人一起共事呢？ 丰田最重视的"人性尊重"能够得到理解吗？ 对于这些疑问，当时几乎所有人都持否定态度。 因此，丰田的海外建厂迟迟没有开始。

这时，从通用汽车公司（GM）发出了想和丰田一起生产汽车的提案。 丰田也感到在美国生产是早晚的事，通过与GM的合作还可以学到美国流的工作方法，因此求之不得。 这样，便于1984年设立了合资公司。

◆女员工当场嚎哭

到丰田的加拿大工厂出差时，我经历了一次珍贵的体验。

那天，我以总部物流管理部长的身份到物流部门，对"现场改善活动状况"进行了视察。 加拿大工厂觉得好不容易从日本来了一位高级干部，既然要看现场，最好顺便也参观一下现场员工对各自改善活动进行的发表会。 在观看大家的发表时，轮到了一位加拿大中年妇女。 当时，我对她改善的着眼点、方法以及所产生的效果从心里感到很了不起，于是马上对她进行了表扬、拍手，并要求握手。

让做出成绩的员工在大家面前发表，并当众予以表扬，这在丰田生产方式中是非常普通的行为。 但是，当我与这位女工握手的瞬间，发现发表时还有些慌张的她，突然望着我的脸，睁大了眼睛，眼看着眼泪就滚了下来。 最后她突然哭了出来，豆大的泪珠不断滑下，而且还放声大哭。 我最开始没有弄明白她为什么哭起来，甚至以为是不是自己说错了什么，可是反复回想自己刚才说过的英文，似乎没有什么错误。 发表会结束以后，我去问了一下那位女工为什么哭，她的回答是，"能得到您的表扬太高兴了。"据说，在工作上得到表扬对她而言还是头一回。

在契约社会的美国，对人的评价基本上是采取减分的方式。 当应该做的没有做时是负面的评价，要受到责备，而对于契约上没有规定的工作，不管多么重要，即使做了也不会得到表扬。 即做了多余的事情只有接受惩罚的份儿，决不会得到表扬。 因此，这位女工无论如何也想不到会受到表扬，对于她而言，自然是受宠若惊。再进一步说，对于只知道像牛马一样默默地进行体力劳动的女工而言，由于自己动脑筋而得到表扬，这就意味着自己作为有人格的人得到了认可。 这大概就是她哭泣的原因吧。

这时，我在深深感到与他们"文化"的巨大差异的同时，也更加确信了丰田的"人性尊重"没有错，而且不管在世界上什么地方，只要对方是人，就一定可以通用。

◆ "诸行无常"和《伊吕波歌》

谈到"诸行无常"，大家都非常熟悉，这是佛教的基本思想。意思是"世间一切事物，皆在刹那间迁流变异，无一常住不变"。在《平家物语》第一卷中出现的"祇园精舍的钟声，敲响诸行无常"一节，可以说是家喻户晓。

生产方式和佛教思想。表面上看好像没有关系，但世间无时不在变化当中。制造业的现场也是一样。此外，还有消费者需求的变化、包括汇率变动等经济形势、政治状况、原材料价格的高涨、人手不足、零部件交货迟缓、电脑系统故障等。发生变化的因素有很多，而且时时刻刻都在变动着。

首先，对这种瞬息万变的事实要有彻底的认识，然后要思考应对之道。在丰田生产方式下，员工就是这样做的，因此，特意将"诸行无常"作为四大基本理念之一。

因"灿烂的花朵瞬间凋零"而出名的《伊吕波

歌》，是平安时代末期流行的"今样"①之一。 也有一说是弘法大师空海的著作，但真伪难辨。 对于将伊吕波47个文字每个字只用1次作成的此歌，我是这样理解其含义的。

> 灿烂的花朵瞬间凋零，人生苦短，忘却肤浅的野心，对于当下自我不可稍有满足，必须每一天都过得有意义。

这表现的便是人生的无常观。

此歌意味深长。 我在谈到有关丰田生产方式时，经常会引用"诸行无常"和这首歌。 世间无一物不在变化。 10年前曾经风光一时的企业，随着时间的推移可能会不见踪影。 这种情况在现实中已经成为家常便饭。 作为一个企业人士所应该掌握的基本原理，这首歌已经告诉我们了。

◆ "共存共荣"

第三个基本理念是"共存共荣"。 那么与何共存，与何共荣呢？

首先是顾客，然后是以工厂所在地为中心的地域社

---

① 当时流行的一种新兴歌谣。

会和相关企业，第三是员工，接着是股东。 在地域社会中，也包括工厂所在的国家。 而之所以把员工放在第三位，是基于日本的"托……的福"的思想。 正因为托了顾客和地域社会的福，公司才能运行下去，而员工们也才能吃饱肚子。

很多企业也标榜着同样的理念，而真正为此去实践的企业却很少。

与所有的股票持有人（企业的利益相关者）建立起共存共荣的关系恐怕不太现实。 但是，丰田正在为此而作着努力。

要想通过共存共荣而得到利润，恐怕只有在自己身上做文章。 比如，在减少自己公司库存的时候，不能给其他公司带来不便，因此必须要彻底降低库存，压缩盘货资产，努力提高收益性。 此外，还要努力缩短过程时间以提高市场竞争力。 这就是准时化。 或者说，要想既实现共存共荣，又提高自己公司的收益性，则只有通过准时化。

丰田生产方式的两个支柱是准时化和自働化，这里的准时化不是偶尔选取的，而是必然的。

关于共存共荣，还想再介绍一下下面的故事。

丰田在美国的肯塔基州设立工厂时，出任首任社长在现场进行指挥的是张富士夫社长（后任会长）。 张社长当时说，"不能把肯塔基这个地方的这个工厂看成是日本的工厂。 应该把它看成是当地的工厂，只不过偶然属于丰田罢了，必须要融入到当地去……"我对这句话的印象十分深刻，这正反映了丰田共存共荣的精神。

关于这句话还有后话。 当时的老布什总统来日本访问时，由于美国正陷入庞大的贸易赤字中，因此老布什这样恫吓日本，"你们要买美国产品，如果不买，就禁止你们最赚钱的莱克萨斯的进口。"

当时听到这句话后，最生气的不是别人，正是丰田肯塔基工厂的员工们。 他们质问老布什，"你难道要让我们倒闭不成？"于是很快就发起了反对运动，而且上下两院的议员们也都站在了他们一边。 这样，老布什的恫吓以失败告终，他这位总统也在世界面前丢了脸。 由此可见，只要认真实行共存共荣，在关键时刻，员工们就会站出来为公司说话。

此外，2005 年 9 月美国南部遭受到飓风"卡特里娜"的袭击，受灾非常严重。 这时，丰田向美国政府捐出了巨款，而且其捐款速度比日本政府还要快。 遇到困难时要互相帮助，这就是共存共荣。

◆ "现地现物实情实态"

第四个是"现地现物"。 最近，经常可以看到在其后面加上"实情实态"来使用的情况。 这也是意味深长的，简单来说，其意思如下。

世间有一种不去现场观察现物便作出结论或评价的人。脑袋里可能会觉得自己已经明白了，但现实不会这么简单。不去观察现场和现物，是不会明白事物的真实情况的。企业活动，尤其是在生产活动中，不去观察现场便得出结论，就会很容易受到致命伤。

当发生情况时，原因一定在现场。而且，经常有些原因光凭眼睛看是不会弄明白的，甚至用仪器等工具也无法判断出来。这时，就要充分利用"痛"、"重"、"热"等五感来对异常部位进行感知，并由此逐渐寻找，这样，很多情况下原因就可以找到。

丰田的喜一郎社长有一句很有名的话，"技术员一天至少要用肥皂洗三次手。"他还说过，"不把手伸进机器油里去摸，就不懂机器的脾气，不懂制造。"

实际上，这句话里还有一层更深的含义。喜一郎社长对什么都用五感去感觉，不断强调这种感觉的重要性。

人的脑是由模拟信号组成的。模拟信号，其实就是五感。因此，比起语言和数字来，体验才是最重要的。在这个世界上，不去体验就不懂的事情有很多。将通过五感感觉到的东西储存在自己的身体里，然后正因为有了这种储存，才会产生第六感，即灵感。

喜一郎社长曾经说过这样的话："公司的经营左右着人的生命。在作重大决策时，绝不能只凭脑袋里得到的信息。 必须要用自己的五感去感觉，然后在此基础上作出判断。"

这里还有一个有关五感的例子。 一次，电视里报道了一个制铁公司熔铁炉爆炸的事故。 熔铁炉爆炸可以算是最可怕的事故了。 据说，这时只有一个办法，就是在熔铁炉最结实的壁上开一个小孔，然后把里面熔化的通红的铣铁一点点拔出来。 根据内压的变化，结实的壁也会随时塌陷。 如果作业中出现塌陷，则后果不堪设想。这时，在几名专家的监视之下，一个人开着特殊作业车，找到最结实的壁，然后在壁上开孔。 在作业时，必须随时从外侧观察炉壁，看是不是与平时一样，如果不一样差了多少等，都要通过专家动用自己的五感来作出判断。 当时慎重作业的状况通过电视屏幕清晰地播放出来，由此可见关键时刻人的五感可以起到多大的作用。

还有一个例子。 当现场发生故障时，问前来报告的人，"你去现场看了吗？"他会回答，"看过了。"但是，一问具体情况就不知道了。 这种类型的人，虽然去了现场，对真正重要的地方却什么都没有看见。 可见，对实情实态进行把握多么重要。

在电视上的警察破案节目里，经常可以听到"现场百遍"的台词。 意思就是说，在现场如果不观察 100 遍，能看见的东西也会看不见。 在生产现场，又何尝不需要这种"警察精神"呢？

◆ "报连相"的不可思议

到企业去访问时，在接待室抬头望一眼墙壁，经常可以看到公司的方针或理念等各种标语。 这些标语中，有"彻底实行报连相"。 每次看到这个标语，我都会想，"怎么还用这么老的标语啊！"

众所周知，"报连相"是"报告"、"连落"（联络）、"相谈"（商量）的略称。 意思是，当发生情况时，要报告、联络、商量。 这句话本身并没有问题，但是，仔细思考一下就会发现其中暗藏陷阱。 因此，即便做到"报连相"也不可掉以轻心。

我认为问题出在"报告"的部分。 报告有时是通过口头来进行的，但大部分都是以报告书形式进行的。 只要写报告的人不是一流作家，就不可能把发生的事实完完整整地记述下来。 即使是一流作家恐怕也是不可能的。 为什么呢？ 因为事实发生的瞬间就已经不是事实了，于是就会受到这一事实的目击者的主观影响。 主观写出的东西，就已经不是事实了。

通过写报告书，作者的思路就会得到整理，同时也可以提高将所发生的事进行逻辑总结的能力。 但是，写下的内容未必可以成为解决问题的突破口。 因为，这些内容也许不是事实，也许忽略了最重要的细节。 所以，在读报告书的时候，首先应该对这些地方产生怀疑。

此外，还要注意的是，通过报告书的写法，能反映出与上司的力量对比关系。 即下属对上司惧怕到什么程度，是否在看脸色行事等。 根据这些程度的大小，用词和文章的感觉是不同的。 比如，有的为了迎合上司特意使用一些美丽的词汇，相反，有的则省掉所有形容词，假装客观性……

总之，不要被报告所欺骗。 不只是文章，就连照片、录像等也有可能没有表现出真实的一面。 因为，只从一个角度去描写，怎么都可以诱导出自己主观的印象来。

再进一步说，"报连相"实际上只考虑到把信息拿过来为止。 即把信息拿过来再报告、商量。 但是，真正重要的是怎样活用这些信息，这个部分在"报连相"中是漏掉的。 得到信息以后该怎么办？ "现地现物实情实态"就能够考虑到这一步。

事态越重大，就越要重视"现地现物实情实态"，从而实践"现场百遍"。 对自己没有看见的东西绝不能轻易相信，一定要眼见为实，然后再考虑该怎么办。 在丰田的生产现场，需要的就是这种态度。 这样，员工也可以得到锻炼。

◆不管发生任何情况都要确保公司立于不败之地

如果公司倒闭，不光员工会失业，对以前购买过产品的顾客也将无法继续提供修理用的补给零部件等。 同时还会给相关公司带来很大的麻烦。 而且，由于无法继续向当地税务部门纳税，也会给社会带来很大的负面影响。

这样看来，在企业活动中最重要的，就是要确保公司的可持续发展。 也就是说，要做一个不管发生什么都不会倒闭的公司。 丰田生产方式的最终目的也就是这一点。 要想做一个不倒闭的公司，只有柔性应对每天的变化。 一旦出现了僵化，则公司的未来从这一时点开始就会消失。

以前，一家报社曾经发表过一份调查结果，说"企业的平均寿命是 30 年"，并引起了广泛的社会关注。在有很多存在 100 年以上的企业的情况下，平均起来却只有 30 年。

为什么会这么短呢？ 最主要的原因恐怕就是该企业所从事的事业和商品生命周期的寿命局限所致。 或者，该事业成立的条件过了 30 年就会发生变化，而企业无法跟上这种变化。 反过来说，只要能正确应对这些变化，平均寿命应该还是可以延长的。

要想应对变化，即使是丰田生产方式，如果出现僵化的情况也是不行的。 除了要确保基础以外，还要应对时代的变化，使自己的公司不断"进化"。 如果停止进化，丰田生产方式和丰田汽车就完了。 从这个意义上说，丰田生产方式不管到什么时代都是发展中的。 丰田生产方式没有终点，也没有固定的形式。

◆ 在斗牛场发现的"色即是空"

有一次，我去西班牙旅行，看到了一直想看的斗牛。 在那里，我得到了一件东西。 在斗牛场会有 2 次观众拍手的瞬间。 一次是斗牛士上场时，还有一次是牛死去时。 其中牛死去时的拍手更多一些。

参加斗牛的牛是注定要死的。 上场后仅 10 分钟就会被斗牛士刺得浑身是伤，最后被剑刺倒而死去。 这些牛尽管身上出了很多血，却仍然会勇敢地向斗牛士挑战，最后力尽而亡。 观众会对直到失去生命那一瞬间为止，一直不放弃地进行搏斗的牛予以称赞和喝彩。 他们所欣赏的，是在有限时间内，场内是如何搏斗的。

死去就等于活着……

看到一步步走向死亡的牛凄惨而悲壮的搏斗，我不由得想起了弘法大师曾经说过的"色即是空"。 "色"是充满生机的世界，"空"是什么都没有的世界，充满生机、色彩鲜艳的"色"的世界，和万物皆无的"空"的世界。 因为有"空"才有"色"，也因为有"色"才有"空"。

同理，为什么说"活着"？ 是因为有死。 "色"

就是"生"，"空"就是"死"。

人在活着的时候应该怎么做？ 看完斗牛后，我被这个问题困扰住了。 每天吃完饭就等着太阳下山，然后逐渐使自己身体发胖吗？ 这样的话，活着还有什么意义呢？ 如果不去挑战一些事情，不做成点儿什么事，就无法体会活着的意义。 按照自己的想法找到自己认为有价值的东西，然后为了实现或者获得这个有价值的东西不断挑战。 这不就是活着的意义所在吗？ 如果只是去做别人让做的事情，就不能说明你是活着的。

我当时深深感受到，原来公司是这么重要的地方。让你自己去找有价值的东西，你未必能找得到。 而当人生过半时，才猛然醒悟："原来我真正想做的是这个。"有这种经历的人应该不在少数。

因此，很多人在进到公司里工作的过程中，会遇到自己认为"有价值的东西"。 每天拼命工作，明天会比今天更好，后天会比明天更好，如果业绩能再提高一点儿，如果次品能再减少一点儿，如果能少被上司批评一点儿，在这样不断努力的过程中，就会发现工作中的兴趣，从而感觉到生命的意义。 即使开始时不喜欢这份工作，或者只是应付工作，最终也会喜欢上它。

我在观看斗牛的过程中不由得产生了上面的想法，并开始回顾自己的人生。 我能够遇到丰田生产方式这种"哲学"，在公司工作时一边被工作烦恼，一边又通过

第**2**章 | 在丰田生产方式根底里流动的思想和哲学

实践参与该手法的开发，而所有的烦恼又都加深了我的理解，到了退休以后，也可以在推进普及活动时找到生活的意义。 想到这些，我不由得对一直努力的自己感到非常自豪。 于是，对着一直与斗牛士博斗到最后的牛，小声地说道："我也会像你一样战斗到最后。"似乎此时我已经找到了生活下去的意义。 这时，我已经 62 岁，是从丰田退休后第 3 年的事情。

◆ 皇太子殿下慰劳了我

我很喜欢电视连续剧《水户黄门》，由于描写出了公司职员的普遍心理，因此收视率很高。

公司职员多少都会对上司有些不满，因为他们总是不能对部下作出正确评价，甚至有时还会抢夺下属的功劳，有时即使是自己的错误也要让下属承担责任……像这种对上司的不满，如果数起来真是没有尽头。

在《水户黄门》里，总会有恶官登场，而每次黄门先生总能将恶官予以惩罚并治罪。 这对于那些正好对工作感到郁闷的职场人士来说，真是大快人心。 如果公司里有个像黄门先生这样的人，既能随时揭露上司的丑恶嘴脸，又能对下属的功劳予以正当评价，还会对员工们说"以后就拜托你了！"，那该是多么理想啊！

写到这里，有的读者也许会觉得，你是不是认为所有员工都是好人，所有上司都是坏蛋啊？ 当然不是。不过说实话，我几乎没怎么被上司表扬过。

1980 年，我在升任课长的同时，又从高冈工厂调往了田原工厂。 因为当时要从各工厂挑出人来，组建新装配工厂的组织团队，生产丰田第一部高级运动型跑车"SOARA"。 这是由新团队，在新工厂里组装新型车的难度为 3A 级的投产项目。 我作为新任课长，为了履行好这个困难而又重要的职责，拼命努力，终于在第 3 年实现了超越其他老装配厂的目标。 当时我认为自己很了不起，但却没有得到任何人的表扬。 正当我有些情绪的时候，发生了一件事。

这是发生在 1983 年的事情，令我永远无法忘记。当时的皇太子，也就是现在的天皇要到我工作的田原工厂来视察。 丰田那时还只是个乡下企业，谁都不知道该如何应对这件事情，我们工厂也没有得到任何上级的指示，当然也没有预算。 没想到，最后工厂车间里的所有准备活动都交给了制造课长们。 于是，这些课长们直接与皇宫里的官员商量，把视察的路径定了下来。

有趣的是，当时我发现我们对社长的态度，与皇宫官员们对皇太子的态度有着很大的不同。 后来听说，皇族成员完全没有人事任免权，皇宫里的官员们只听给自己发工资的长官的话，如此再回想起当时的情景，便可以释然了。

　　当时的工厂虽然是刚刚投产 3 年的新工厂，但也不能原样展示给皇太子看。　于是便把这个难题交给了下属。　那时由于 600 名装配员工们辛勤努力的结果，改善进行得很快，生产效率已经是全公司第一。　这时，已经具备了可以另外编成 20 人左右团队的能力。

　　后来经过讨论，大家得出结论："我们辛勤努力的 3 年已经得到了上天的认可，这次皇太子来就是慰劳我们的。　因此，大家要竭尽全力热烈欢迎，好让皇太子好好听听我们的心声。　为此要设立一支专门负责准备的队伍。"

　　"一定要让皇太子殿下好好看看，通过从丰田各工厂调来的员工们的辛勤努力所建立起来的新生产线，和代表我们骄傲的名车 SOARA"，"欢迎的准备工作由通过我们的改善剩余出来的员工负责"。　于是，装配课全体员工怀着这种成就感和自豪感，开始了准备工作。

　　视察的当天，预演时已经定好，皇太子会从入口处距离我 10 米远的地方走过去。　当正式仪式开始后，我们在入口处深深地鞠了一躬，然后抬起头来，这时我突然发现，眼前，皇太子和太子妃正并排微笑着等我抬起头来。　当我们的眼神相交时，皇太子一边微笑一边慰劳道："你辛苦了。"虽然只有这一句话，我却被感动得全身颤抖起来。　3 年来的辛苦仿佛在这一刹那全都烟消云散。　不用说，那一天，我与所有员工都分享了这一幸福。

我无意赞美天皇制有多好，只是当不从利害出发，而是一心为国民着想的皇太子对我说"你辛苦了"时，我感觉到了无比的喜悦。

据说，昭和天皇在战后复兴时到全国各地巡视，甚至下到煤矿硐里去激励国民。有的历史学家评论说，正是因为他的这种行为感动了国民，才使战后的快速复兴成为可能。

从某种意义上说，人是很单纯的。当得到自己十分尊敬或畏惧的人的表扬时，甚至连爬到天上去的心都有。这就像在恋爱时，得到自己喜欢的人的表扬"你做得真好"时的心情是一样的。这时自然就会从心底里涌起"还要再加油啊"的勇气来。

皇太子殿下慰劳了我……我在那时真正感觉到了被承认、被表扬时的欣喜，从而也产生了"只要自己努力，肯定会有谁在冥冥中看到"的认识，这种认识又使我找到了工作的意义。这件事也成为了我作为丰田的一员，在日常工作中出现转折点的契机之一。

◆日产的戈恩社长

在公司度过的岁月中，很少能有感觉到意气风发的瞬间。但如果遇到了这种瞬间，肯定能让你充满信心地去迎接任何挑战。

当年日产汽车的卡洛斯·戈恩社长从法国的雷诺调过来，大胆实行了"日产重建计划"，最终成功地将已经濒临破产的日产汽车救活过来。

在对戈恩的上任持悲观态度的旁观者中，有人说，"这没什么了不起，只不过是通过裁减员工和关闭子公司减少了赤字而已。以后新车销售的增加也不会长久的。"

但是，同样是关闭子公司，关的方法也各种各样。戈恩社长是从集团中只想占便宜的子公司和关联厂商，以及为了保证自己退休后去处而与子公司交往的高层管理干部开始动手的。据说，这种果敢的做法让很多人拍手称快。从长期在汽车业界摸爬滚打过来的我看来，这也确实是不得不让人钦佩的壮举，非一般人所能为。

戈恩社长在刚到日产上任之初，便到很多工厂和销售店视察。他还亲自驾车，到员工中间认真听取意见。如果碰到有顾客，他还会主动前去打招呼。据说，他曾这样视察了所有工厂和主要销售店。

任何企业都一样，员工们都会关注社长的"一言一行"。一旦社长认真起来，其热情就一定会感染到员工。那时的日产就是这样，戈恩社长坚定的改革决心传达至员工，并发展为席卷所有员工的狂潮，而最终正是这股狂潮使其改革得以成功。

049

戈恩社长在大学毕业以后，便进入了轮胎厂商米其林担任工程师。后来，他将一直处于赤字状态的米其林巴西分公司改造成黑字，又担纲米其林北美分部最高责任人后转到雷诺公司，担任副总裁，后来因为雷诺与日产合作，他便被派到了日产。

据说在米其林时，他还负责管理种植提供轮胎原料的橡胶园。换句话说，他对现场的里里外外都了如指掌。按照丰田的说法，他完全掌握了"现地现物实情实态"。正因为如此，他感到必须到现场去寻找重建所需的信息，于是上任后马上就开始到各处去巡视。员工们对公司首脑的这种态度都非常欢迎，并从中受到影响，从而鼓起勇气。值得信赖的公司首脑必须明确指示出自己认定的方向，并引领大家前进。这样，后面跟从的员工们也会感到幸福。

◆ 悬浮静止

丰田生产方式里有"改善"这个概念。从广义上来说，提高日常作业的效率算改善，对公司进行组织变更以及重新制定战略等也都属于"改善"。

改善一次以后并不意味着就结束了。将改善持续下去有其意义所在。要不断思考还有没有更好的方法、更简单的方法、使成本更低的方法……时刻向着更高的目标继续挑战下去。 这种持续进行挑战的姿态，就是丰田生产方式的状态之一。

当谈到改善的话题时，我经常会引用直升机悬浮静止的例子。 即在救灾等场合，直升机在空中静止的状态。 当直升机处于悬浮静止状态时，绝不能放松，因为这时螺旋桨正在为克服重力使劲儿旋转，稍一放松，就有可能立刻掉下来。 现场管理也是一样，管理干部努力指挥，好不容易才能达到维持现状的水平，而如果这时稍一放松，便会很快降低工作水平。 可见现状维持是非常难的。

从下属的立场来看，维持现状没有什么意思，很难涌出热情来。 因此，现场管理不应维持现状，而是要不断向更高目标努力，要告诉员工们再努力些"直升机"就能上升了。 当真正上升后，大家就会感到既有气势又充满朝气。

第 3 章
令人跌破眼镜的丰田生产方式

◆ 何谓造出"流"?

在提到丰田生产方式时经常可以听到"流"或"造出流"。 下面就对这个流,根据改善步骤进行一下解说。

首先,对丰田生产方式形成之前的一般生产方式,以生产四角形的螺母工序为例来看一下。

假设这个工序是由以下 4 道工序组成的:

①将宽 20mm、厚 5mm 的带板切成长 300mm,制作出产品 B(2 秒/个)。

②在产品 B 的下方开孔,制作出产品 C(60 秒/个)。

③在产品 C 的下孔处进行螺丝加工，制作出产品 D（40 秒/个）。

④一边对产品 D 进行目测检查，一边以每 100 个为单位装箱，制作出产品 E（400 秒/100 个）。

（1）改善前的状况（团子生产）

①~④生产时所需的时间各不相同，各自以 1 个月的量进行生产。 此外，其他还有几种产品，都是按照 1 个月的量进行生产（参照图 1）。

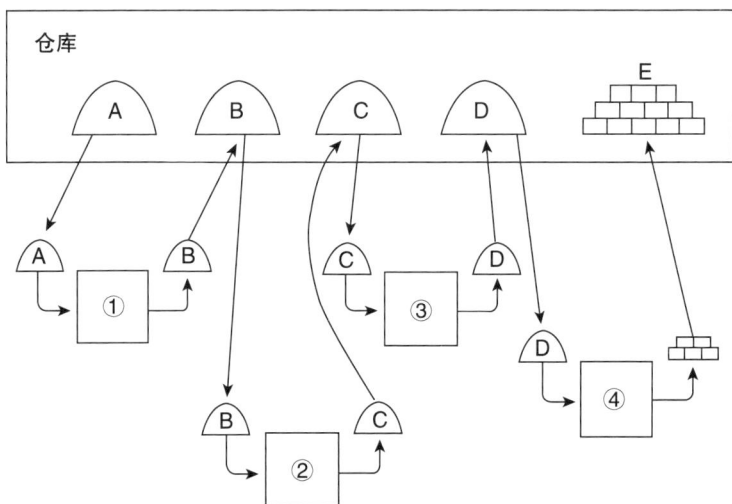

图1

每月的销售量是 1.5 万~2.5 万个，非常稳定。 交货是按照每箱 100 个为单位，销售出去的部分通过下下个月的生产予以补充。 因此，本月的生产就是为了补充

上上个月销售出去的部分。 上个月销售出去的部分要在
下个月进行补充，因此刚刚发出对原材料带板的订货。
带板是 1 卷 50 米，每卷可以生产 166 个。

由于①工序是按照每卷的单位进行生产的，出现余
数就会增加库存。

因为①～④工序都是按照自己独自的月度计划在生
产，因此仓库里的中间产品总是保持在最大销售时的 2.2
万个以上。 据此推断，仓库整体最少也有 12 万个（6 个
月的量）以上。 在这种状态下的工厂里，是不存在
"流"的概念的，有的只是本月生产多少个的概念。 因
此，当发生故障时也不会有人紧张。 如果是读者，您会
怎样推进改善呢？

如同登山一样，到山顶的道路会有很多条。 如何选
择最适合这个工厂的方法，以及如何加以展开才是最重
要的。

这里有个绝对禁止的事项，即将别的地方实施推进
改善成绩突出的做法直接应用于这个工厂。 这就像在登
山时一下子把在山脚下的人拉到了接近山顶的地方一
样。 首先，必须检查该工厂的实力。 具体来说就是，
以 1 个月的量为单位进行生产，就意味着中间可能发生
了设备的故障，或出现了次品，而最后综合起来还是凑
够了 1 个月的量。 这时，先要测定目前的实力，然后从
如何提高该实力开始入手。

055

（2）改善步骤 1　"周次生产"

首先，要对会计部门人员和岗位负责人说清，减少库存可以改善现金流，虽然从会计学上来看短期内有可能出现赤字，但从长远来看一定会赚钱的。

然后，将仓库里 A ~ E 库存的一半封起来。生产上①~④工序都改为以 1 周的量为单位进行每周生产，并且在"生产管理板"上注明每小时的产量。

这里需要注意的是，以前只要在 1 个月之内生产出指示的量即可，没有生产速度的概念，而通过在生产管理板上记下每小时生产出的量，便产生了"速度"的概念，即"时速是多少"。当收集的数据多起来以后，就会发现快慢的变化很大，这种变化就是问题所在。当发现各工序的问题，如设备故障、质量问题等时，必须彻底追究真正原因，并制定出根本对策。

其中会发现，并没有什么大不了的故障，质量上也没有什么问题，而产量却出现了很大的变化。这是由于作业顺序和作业方法所造成的产量不同。当发现这一点时，员工自己也会开始动脑筋，考虑如何才能更快，而且不累，还可以保持一定的速度，从而想出办法进行改善。这就是"标准作业"。

（3）改善步骤 2　"周单位的一口气生产"

这里的"一口气生产"中的一口气，与"一口气喝下去"的一口气是相同的。 意思是中间不能停，一旦开始生产，就一口气下来直到完成为止（参照图2）。

将从②工序出来的产品 C 运到仓库，过一段时间再从仓库里把 C 运到③工序去的生产方式浪费太多。

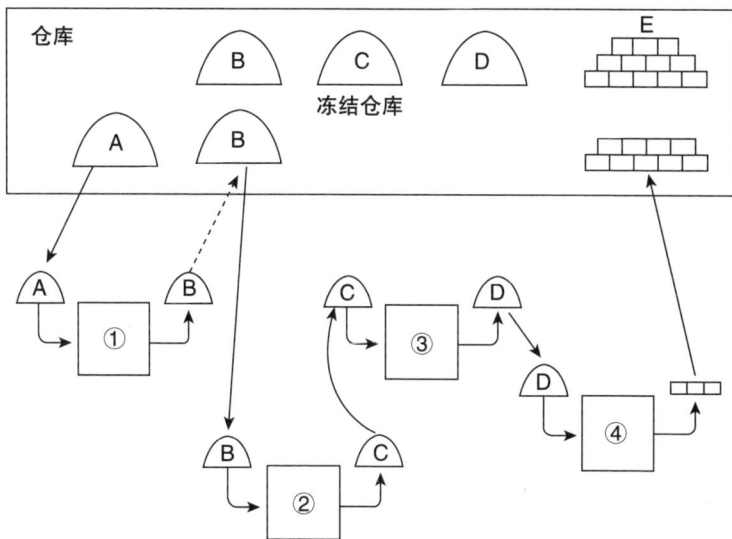

图2

将②→③、③→④的搬运改成不再运到仓库里去，而是直接将产品送到后工序去。 由于生产速度不同，即使有某种程度的库存，生产也会因库存用完而停止，这就是所谓的"Shishiodoshi 生产"①。

这样，就会知道各工序速度不同的地方，如果没有

---

① 日式庭园中,利用杠杆原理经由竹管让水流动的装置。

适当的库存就会产生问题。

（4）改善步骤3　"工序的连结"

想办法消除工序间的速度差。　假设这里有个钻床，将其放在③工序，将 1 个开完孔的产品从②工序移开，新设一个②″工序，配合④工序装箱的速度进行单人作业。

作业员 P：新②′工序

作业员 Q：新②″+③+④ 工序

这样作业员 P 和 Q 的速度基本上相同，因此可以进行连结。

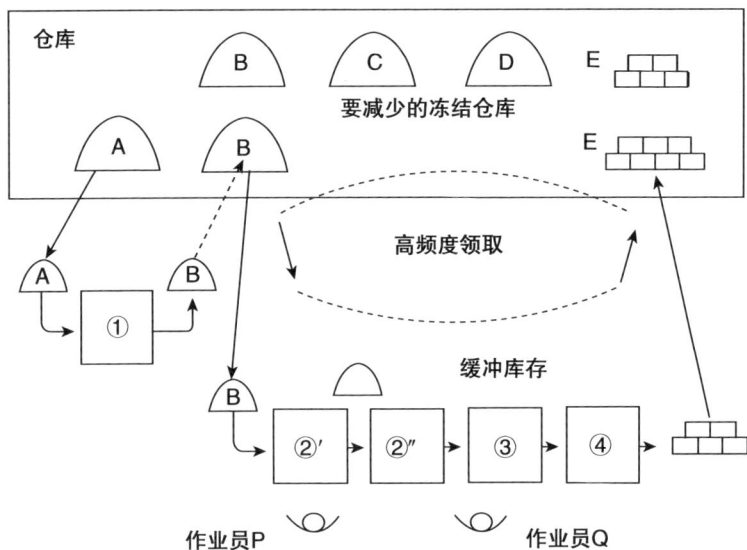

图3

一边放出连结库存中的一部分产品，一边让工厂暂时停工，然后进行设置变更、工序变更，最后变成图3的样子。 开始时在P和Q之间放一些缓冲库存，以观察速度的差。 当然，如果库存增加就代表Q做得慢了，于是需要进行改善。 当达到某种平衡以后，就在P和Q之间设置划槽（shuter），划槽上最多放10个库存。

（5）改善步骤4 "高频度（CHORO）领取以节省节拍时间（TT）"

"节拍时间（TT）"是指下班时间之前完成今天必须做的工作的生产速度（秒/个）。

"高频度（CHORO）领取"就是为了让现场知道节拍时间，定期地（10次以上/班）、高频度地在工序里到处收集完成品的作业。 通过观察能否赶上这种领取的速度，来判断是否可以按时完成任务。 当发现不能按时完成时，一边采取应急措施，一边还要追究为什么慢了的真正原因，并加以改善。

从丰田生产方式的立场出发，改善的目的主要有以下两个：

其一，建立起没有"不合理（MURI）"、"不稳定（MURA）"、"不必要（MUDA）"（故障、次品、库存），可以顺利进行生产的现场。

其二，缩短过程时间，迅速应对客户的要求。

为了实现这一点，如果用"生产了多少个的'量'来控制"生产，则会无法进行紧凑的管理。 比如，如果让你用 5 个小时在浴槽里注入 200 升水，你会怎么办？上面的例子是等于让你在今天之内把浴槽注满的管理。于是，现场会把水龙头开成最大，等水溢出来以后再拧紧。

改善的最后阶段，就是为了可以使 5 个小时刚好注入 200 升水，即以 1.5 分钟 1 升水的速度对水龙头的"流量"加以调整。 而且每 30 分钟要来检查一次，确认是否又注入了 20 升。 这样，要想对是否紧凑加以管理，就不能通过"量"，而要通过"流量"来实现。 而且，流过的单位越小，精度越大。 当不断向着这个目标去追求时，就会发现最后是以 1 个为单位。 这就是为什么说"单件流"最好的理由之一。

◆降低库存对现场来说是背水一战

"背水一战"是大家都熟悉的中国故事。 当一位指挥官不得不与数倍于己的敌人对阵时，故意背靠大河，摆好阵势，切断自己的退路。 于是，兵士们被迫鼓舞士气，下决心拼死一战，最后终于战胜了强大的敌人。

对于接到的工作，用尽可能少的人员、尽可能少的设备以及尽可能少的库存来不断挑战，这就是准时化。

要实现这种准时化，只有在无不合理、无浪费，可以持
续进行流畅生产的现场才有可能。

即必须消除设备故障以及品质不良、无理由旷工等
情况。 要达到这种状态，只靠上司的命令就行吗？ 答
案是否定的。 与背水一战的例子一样，必须将员工逼到
没有退路的状态，即减少一有问题就可以逃避的安全库
存，让他们直接面对正面的敌人，如 "产生次品"、
"机器故障"、"无理由旷工" 等。

如此，当水平上升到一定程度以后，再减少库存。
这时，以前没有显现出来的新问题就会浮现出来。 在丰
田生产方式下，就是以这种思想去降低库存的。 这里，
可以把丰田生产方式下的库存量看做是高尔夫球的杆
数，如果不能尽快减少，就应该感到难为情。

这样，丰田生产方式下的管理干部们都以用少量库
存进行生产为荣。 为什么呢？ 因为用少量库存进行生
产，是为将故障防患于未然，经过各种努力，想出各种
对策的结果；也是为了在发生故障时可以在短时间内进
行修改而整理各种手册，并进行训练的结果。 同时，每
一个员工投入全身心思考的结果，最终使现场充满了朝
气，生产效率也得到了提高。 岗位上所有人都知道，这
个结果正是大家共同付出的证明。

这一点与高尔夫球的杆数是同样的道理。

061

减少库存的意义

迫使员工迎接背水之战

- -

库存减少问题点就会浮出水面

- -

问题解决后，更进一步降低库存

$\Downarrow$

建立能引以为豪、激发工作价值的强韧职场

若知己无退路，将勇往直前…

◆ 过程时间的缩短

下面再回过头来看一下前面的例子。 图 1 中的仓库里， A～E 各自都有超过 1 个月最大销售额的库存。 因此，平均起来应该有半年的库存。 这就意味着，从购进原材料到成品出货的过程时间大约为半年。 在最后的图 3 中，处理死库存时 B、C、D 的总库存量大约是 2 天。 A 和 E 的库存量要通过与供应商和客户的交涉情况来决定，顺利的话，A～E 的库存总量可以压缩到 1 周左右。

因此，从过程时间的角度可以这样描述改善成果，"从购入原材料到成品出货的过程时间，从以前的半年压缩到了 1 周"。 这是个很大的变革。

市场每天都在变化，订货量也是有时会突然增加，而有时也会突然减少，甚至还没弄清楚怎么回事就有可能陷入生产停滞的状态。 面对这种不可知的状态，过程时间为半年的公司和只需"1 周"的公司，其各自所面临的风险很显然是完全不同的。

这就是从过程时间的角度，对丰田生产方式的改善成果进行的评价方式。

◆ 降低盘货资产

假设此例中每个产品的制造成本是 100 日元，每个月的平均生产量为 2 万个，则可以得到这样的计算：

改善前的盘货资产 = 100 日元 × 2 万个 × 6 个月 = 1200 万日元

改善后的盘货资产 = 100 日元 × 2 万个 × 0.25 个月 = 50 万日元

很明显，盘货资产被压缩到了 1/24，现金节省了 1150 万日元。

◆用收益性来评价

这里，将流动资金毛利率作为评价收益性的尺度。

为了简便起见，假定交易是用现金来完成的，则

流动资金 = 盘货资产

如果制造成本为 100 日元，毛利为 50 日元，则

月度收益性 = 月度毛利总额/流动资金 = 月度毛利总额/盘货资产

（改善前）= 50 日元 × 2 万个/1200 万日元 = 0.083

（改善后）= 50 日元 × 2 万个/50 万日元 = 2.00

结论是，由于将盘货资产压缩到 1/24，现金节省了 1150 万日元，因此收益性提高了 24 倍。即公司变成了月度收益性为 2.00 的超级优秀企业。

◆真正的"丰田生产方式"不追求成本降低

在平时，一有"丰田生产方式"的演讲，几乎都会
以"成本降低"、"削减成本"等标语去宣传。 如"彻
底消除浪费，实现成本降低！"等。

首先，应该先冷静思考一下制造业的成本构成。 记
得某报纸上曾经登载过刚上任的日产总裁卡洛斯·戈恩
先生的一段话，"我到日产上任以后一调查，发现成本
构成是，购入品为60%，内制加工费为17%，经费等为
23%。 这里内制部分占得最少，而日产却在拼命进行着
降低内制加工费的活动。"这句话可谓一针见血。

在这里，我希望再重新审视一下上面的改善事例。
这里在降低工时、减少成本上什么工作也没做。 做的只
是缩短过程时间，换句话说是降低库存。 其结果：

（1）过程时间从半年缩短到1周，变成了可以迅速
应对市场变化的公司。

（2）通过减少库存，收回了很多现金。 这些现金
可以用于还债或开拓新事业。

（3）收益性得到了大幅提高。

这样便实现了公司的经营体制和收益构造的改革。
用戈恩先生的话就是，实现了"可以更快地周转全部销
售成本"的改革。

设想如果一味地追求成本降低会怎样呢？ 由于是现

065

场改善，因此会在只占成本构成 17% 的内制加工费的降低上拼命下功夫。 如果其中一半是劳务费，则对象只有成本构成的 8% 而已。 这样，即使将目前的劳务费再降低 1 成，在全部成本中也只不过占到 1%。 而降低劳务费很容易就会涉及减少搬运次数、减少换线等，结果只会使库存问题越来越严重。

从我在现场 25 年的经验来看，如果过分强调现场的工时削减，就会先减少教育的时间，接着是改善的时间，然后是进行设备检点的时间等。 而且，现场工作的人会逐渐开始省略一些不会马上产生影响的程序，在上司没注意时，这种偷懒会悄悄进行。

为了防止这些情况的发生，我在各处不断重复这样的观点，"现场的管理特性 Q、C、D 之中，如果最重视 C（降低成本），公司就会很危险。 因此在丰田生产方式中，先要做 Q（质量、安全→自働化），然后再做 D（准时化），这样，C（收益性）就会随之而来。"

◆ "丰田生产方式" 以缩短过程时间为目标

前面从管理会计的角度作了一些说明，在丰田生产方式的教科书中对此还有更简单的表达方式。 即"一共有 7 种浪费，其中最大的浪费就是生产过剩的浪费"。因此，真正的丰田生产方式是以"降低库存"，即"缩短过程时间"为目标的。

"缩短过程时间"是要付出代价的。 如果实行多次生产，换线的工时就会增加；如果实行多次搬运，搬运的工时就会增加。 这样，这些增加的工时只能在内部消化，而不能去要求外面的企业。 于是，只有进行动作改善或作业改善等。

比如，将 1 分钟的节拍时间改善了 5 秒时，如果把这 5 秒钟用于将做好的产品传递到后工序去，则与以 1 箱为单位的搬运相比较，过程时间便得到了很大的缩短。

下面再来看看办公室的例子。

员工→系长→课长→部长，文件是按照这个顺序传递的。 实际上，系长以上的干部都是从"未阅箱"中取出文件，经过所谓的"信息处理加工"以后，放入"已阅箱"。 而相当于"→"的部分，很多公司都是由女员工根据自己的时间来负责传递的。

这时，如果假设对"信息处理加工时间"进行改善后缩短了 5 秒钟，然后将此 5 秒钟用于相当于"→"部分的工作，即自己阅读以后直接送给下面的人，那么将会缩短多少过程时间！

同样的道理，现场也是这样去缩短过程时间的。（顺便插一句，办公室里的文件有时甚至关系到几亿日元。 因此，我认为办公室里的改善比现场改善应该更重要。 贵公司在这方面又是如何做的呢？）

◆丰田生产方式每天都在进化

实际上，最开始我是很讨厌丰田生产方式的。 正如大野耐一先生的书中写的那样，丰田生产方式是在追求现场从事生产的人的"心理活动"和"工作的意义"中产生的。

但是最开始，由于丰田生产方式太急于推广，于是便陷入了只重视"物的动向"的误区。 那时只顾研究如何使物流动才能更有效率，根本没有余力去考虑"员工的情绪"。

当时，人们说话都是大声嚷嚷，还经常大发脾气，或者随口便说出很伤对方自尊心的话，或者把传授丰田生产方式的人尊为上帝……其结果，让很多人都从心里产生了反感。 这是大约 40 年前的事，当时我刚刚参加工作，正是丰田在背地里还被人戏称为"三河钣金"的时代。

我直接接受了大野耐一的嫡传弟子，也就是当时被人暗地里称为"胖子"或"赤鬼"的铃村喜久男的指导。 当时的指导，对于我来说，似乎总是感到"没有道理"。 为了能从正面予以反驳，于是我开始拼命学习当时刚刚兴起的"中小企业诊断士"的通信讲座。 虽然最

丰田生产方式的关键词

5S	不合理、不必要、不安定	活人化
省人化	少人化	可视化
JIT	自働化	红纸
消除浪费	单元（cell）生产	单件流
水虫搬运	水平作业、垂直作业	自主研发活动
小批量生产	多频度搬运	外部换模化
整流化	自律分散化	流动化
标示板	看板方式	高频度领取
吊桶方式	AB方式	

请指导

可说是强词夺理的指导…？！

终没能实现反驳，但正是这时候的学习才成就了今天的我。

后来，大约 13 年前，我被调到了丰田生产方式的老巢——生产调查部，这时，专家们都集中在一起，有机会对真理进行彻底的辩论。 但是在社会上，即使是 21 世纪的今天，自称"丰田生产方式"咨询师的团体似乎还在重复着丰田 40 年前的状态。

作为丰田汽车的老员工，作为一个认真研究丰田生产方式的人，我对此感到很有问题。 在宗教里祖师爷是最伟大的，越往后的人权威越小。 而在学问里，祖师爷只是发起人，越往后的人应该水平越高，并且不断进化、发展。

丰田生产方式是一种经营哲学，每天都要进化。

◆不追求最好，永远追求更好

将作业所需时间看做是标准作业时间，这在丰田生产方式中被当成"邪道"。 因为，作业时间是在"不断变化的"。

如果现在做一个工作需要 15 秒，则下一步要努力做到 14 秒，再下一步要 13 秒。 如果认为"15 秒已经不错了"，那就错了，也就永远不能进步。

只要有改善的可能性，就要向着这个目标一直挑战下去。 这种挑战的精神正是"改善魂"，更大一点儿说，这就是人生。

丰田生产方式从下面两个理由出发不使用"最好"：

（1）因为一说起最好，似乎就是把所有的改善都做完了，已经再没的可做了。

（2）怎样证明是最好呢？ 不断寻找证明的方法，就等于什么也不做。

丰田生产方式永远以"更好"为目标。 将这些更好不断积累，一点一点提高自己的水平，这就是丰田生产方式的思想。

"用最好的方法"这句话在丰田生产方式中是被禁止的。

◆导入看板的效果

在丰田的装配线上导入"看板"是在 1969 年。 那是我到高冈工厂工作 3 年后的事情。 高冈工厂在导入"看板"之前，零部件的订货是由员工在办公室里一个一个打电话进行的。 当时 COROLLA 是最畅销的车型，每条装配线要由 30 个年轻员工来负责订货。 那时每装一辆车需要的零部件数为 3000 件，从购入金额来算是每天 3 亿日元的规模。

071

按照人数一除，每个人要负责大约 100 件零部件的订货，如果不能及时进货，生产线就会停止。因此，大家都非常卖命地与厂商交涉，甚至经常可以看到大声吵架似的沟通方式。

自从导入"看板"以后，这样的情景整个大变样。之前需要 30 个人大声吵架似的订货，变成了只有 5 个人在做一些事务性工作。办公室里变得让人觉得无聊似的安静。

◆ "后方补充"和"自律分散"

这里说明一下"后方补充"和"自律分散"的思路。

"后方补充"指的是，开始时生产一定数量，然后使用多少从后工序补充多少。为此，便产生了不需要由中央对生产进行控制的中央控制型系统，而转为由各工序自己边注视前后的状况边进行自我控制的"自律分散"的思想。

如果将此比作生物机能，就相当于"到处都是中枢神经"。

大野耐一对"自律分散"是这样说的，"自律分散就是让现场具有自主判断的机能。比如，今天做这么多就够了，或者制定生产顺序，再或者是即使加班，今天也必须完成这么多的判断等，不用一一向相当于人体大脑的生产管理部或工务部去确认，而是可以让现场自己进行判断。"

通过"自律分散型"控制也可以培育人。因为，在各个岗位工作的员工，如果不随时确认周围的状况，不自己针对这些状况思考相应的生产计划，工作就没法进行。

人的身体实际上也是由后方补充和自律分散构成的。比如，在运动中，当血液中的氧浓度下降时，即使本人没有意识，呼吸和脉搏也会加快，从而自动补充氧。当糖分减少时就会从肝脏补充，如果还不够，就会通过自动分解脂肪来补充。由此可见，人的身体是内藏有很了不起的"后方补充生产系统"的。

关于"自律分散"，这里再作一些补充。最近，以ERP为代表的统合型电脑系统已经被导入生产部门。这种系统最大的卖点就是，可以将从财务会计到销售管理、生产管理、采购管理、库存管理等的基础业务进行一元化统合管理。

这实际上是一种"中央控制型"系统，与以"自律分散"为目的的丰田生产方式是完全相反的。这里不作过多说明，但作为控制生产现场的系统，中央控制型肯定是不合适的。因为即使仅从生产调整来看，这种系统也肯定无法应对突然发生变动的情况。

更大的问题是，由于只要把订单信息输入电脑，具体的指示就会从电脑里自动输出，因此人的思考能力就丝毫得不到锻炼。长此以往，员工就会成为什么也不去思考的机器人。

有一部由查尔登·海斯顿主演的《人猿星球》的电影，看来人类真的要担心有朝一日自己的思考能力会退化到猿猴的地步了。

◆ "自我完结工序"的概念

在丰田生产方式里，对"工序"有这样的定义。

在生产的"流"发生分歧或合流的点上，总要有一些作为缓冲的库存。如果硬要做一条很长的生产线，从开始加工到加工完成的过程时间就会过长，于是就会很难应对生产的变动。此外，由于全体的可动率（availability）等于各台机器可动率的乘积，因此，当很长的生产线在中途出现问题时，可以用作为缓冲的库存来应急。

丰田生产方式中将这种库存和库存之间的部分叫做"工序"。在这样定义的工序里，只有标准作业中规定的标准手头库存而已。这里的工序必须为实现丰田生产方式的理想状态"自我完结工序"而不断努力。

"自我完结工序"的条件是：

①生产出来的东西100%是合格产品。

②设备故障是零。

③只在条件充足时生产，当条件不充足时就完全停止。

④条件是指"有可以生产的指示"、"有能够满足生产的原材料"。

⑤生产时要对速度进行挑战。

只要按照上面的要求去做，即使产量减少也不会增加库存，工作能力也不会下降，还可以将剩余能力显现（可视化）出来。

按照这个做法进行生产，当用"看板"来执行可以生产的指示时，就是"看板方式"。在IT已经十分发达的今天，再也不用担心像旧"看板"那样，会由于丢失看板而使现场陷入混乱的局面。可以使用FAX、电子邮件、电脑网络等。重要的是，必须努力实现上述①～⑤的状态。

总之，现场决不能按照自己的推测行动。严禁像"大概现在已经卖出去了，还是继续生产为好"这样的主观判断。必须贯彻"在必要的时候，生产必要数量的必要的产品"。

◆ "自働化"可以育人

丰田生产方式里的"自働化"必须是带人字旁的"自働化"。 因为丰田的"自働化"是为了通知异常情况的设计。 如果只是机械化，人只能把手解放出来，对于是否发生了异常，普通的机器是不会知道的。 因此，为了发现异常，人必须用眼去观察，也就是需要安排人手专门负责察看机器。 这样，设置机器的意义也就不大了。

如果让机器自己可以对异常作出判断，一发生异常就停下来，发出信号呼叫，则即使没有人在旁边看着，机器也可以自己进行工作。 这就是"自働化"。 因为可以"一发现异常就发出信号……"，于是"将容易被掩盖起来的问题实现可视化"也可以称为"自働化"。

在生产现场，需要管理的项目非常多。 但是，仔细想一想，不管多差的现场，几乎所有东西都在正常运转，异常只不过是百分之几。 这样的话，只要努力使异常显现出来，管理的负担就会减轻不少。 这是"现场管理就是异常管理"的思想。

异常管理的基础之一，就是要明确中间库存、工序等待、成品、次品等的放置场所和数量。 这样，没有直接参与作业的课长、部长以及厂长只需看一眼就可以知道这一瞬间是异常状态还是正常状态。 这就是"目视管理"。

实现目视管理后，现场的所有人员便可以共同面对
出现的问题，还可以知道每个工位正在做什么，谁最努
力等。 于是，当遇到问题并最终得以解决时，大家便可
以一起分享这一瞬间的喜悦。

再进一步，现场本身可以起到与能够发现现场异常
的电脑系统相同的作用。 这样，即使不购买高额电脑系
统，或者即使不通过屏幕进行解析，只需看一眼现场就
可以马上掌握目前的状况。

如果实现只需看一眼便可以了解目前状况的现场，
就能够清楚知道自己工序和其他工序的情况，于是就可
以进行"个人之间的减少次品的竞争"或以小组为单位
的"减少停线的竞争"。 这样，员工就可以对每一个产
品的工作都投入全力，只要努力，结果就会随之而来。
于是，改善能力会得到提高，人也能得到锻炼。

◆ "安灯（ANDON）"加上 PHS

在丰田生产方式下，一发现异常情况就要马上拉下
绳子开关，如果在一定时间内没有处理完，生产线就会
自动停止。 而如果认为"把生产线停下来生产就要停
止，这样的后果太严重了"，就会本末倒置。 将异常情
况放置不管，把次品也流到后工序去，这样所带来的损

失会更大。 主动把生产线停下来没有任何可难为情的，反而遇到问题也不停下来的做法才更应该感到难为情。总之，一发现异常就要毫不犹豫地停下生产线，这是铁的原则，当有重大发现时还应该予以表彰。

在丰田现场，当发生异常情况时马上就通知其他人，这时所采用的装置就是"安灯"。 以前的安灯是在一个大的铁箱子上凿出窗洞，然后装上写有工序名和出现异常的种类的玻璃，遇到有异常情况时，就从后面用电灯照射玻璃以通知其他人。 在当时，这种安灯是相当昂贵的，1台需要几百万日元，其使用方法如下。

当发现异常情况时，员工拉一下头上的绳子开关以通知其他人。 这时，代表该工序的"安灯"的玻璃就被点亮成黄色的灯，同时会响起音乐，这样就可以通知上司异常的发生以及在哪里发生。 于是上司会马上赶到该工序，听取员工的汇报，然后迅速作出处置方案，并指示员工继续做下一步的工作，而自己则会去处理异常问题。 当处理完成时，"安灯"便恢复到正常状态。

这就是实际中的"安灯方式"。 发现异常时拉下绳子开关呼叫上司，决不将有问题的产品流到下道工序去。 在这个问题上，新员工们都得到了彻底的教育。

以前在拉下"安灯"的开关后会响起声音很大的音乐，现在已经不再响起音乐，而是改成班长的手机（PHS）响铃。 因为很多部门都反映，工厂里到处响起音乐会让人感到很烦。

◆ "防误防错（POCA-YOKE）"

要想实现不将次品流过去，就需要有一种防止由于不留神而犯错误的机制。 我们在设想各种情况的基础上，便导入了"POCA-YOKE"。

比如当容易发生漏掉紧螺丝的情况时，就让机器自动响铃以通知操作人员。 "POCA-YOKE"有各种各样的方式，但不管是什么方式，都必须服从这样的铁律。即主体永远是人，机器只能是副手，或者是站在后面起到看守作用的存在。 否则，操作人员就会认为"公司把机器看成比我们还重要"，于是自尊心就会受到伤害。

我经常说，"'POCA-YOKE'就是闹钟。"闹钟本来的作用并不是用铃声叫醒人，而是对于想在早上 5 点起床却起不来的人，实在没有办法，才作为最后的手段用铃声叫醒他。

当人被闹钟的铃声强硬地叫醒时，与在铃声响起前自然醒来时的感觉应该是不同的。 在工厂里也一样，在"POCA-YOKE"启动前，争取能够自己发现问题，这样不断去挑战的人就会得到成长。 而且，通过人与"POCA-YOKE"的双重检查，也可以使信赖性得以提高。

◆让课里的所有成员都具备"自働化"的意识是课长的工作

　　我在任装配课长时，有一天留在公司里加班，晚上9点左右电话响了。 原来是几天前刚进来的季节工打来的。 他说："我现在正在宿舍里喝酒，可是有件工作上的事总是让我不能放心。 麻烦您，能不能帮我查一下，倒数第3辆车我在作业时有些走神，您帮我确认一下是不是该做的都做好了。 不弄清楚我酒也喝不好，觉也睡不香。"从电话里听得出来，他的声音甚至要哭出来了。

　　我对这个季节工能够如此关心自己的工作感到非常高兴。 于是，在感谢了他之后，马上吩咐部下去调查。当调查了包括该车在内的前后几十辆车而没有发现问题后，我给他回了电话。

　　"你的工作做得很好，所有车都没有问题，你放心睡觉吧"。

　　这时他用终于放下心的口吻说道，"给您添麻烦了，真是对不起。"然后便挂了电话。

　　上面已经交代过，他只不过是个季节工，一般来讲，他似乎没有必要具有这么强的责任感。 或者反过来，也许他认为正因为自己是季节工才更应该负责任。 总之，他对工作是怀有自豪感的，正是因为有这种自豪感，他才能对工作如此上心。

"自働化"是指发现问题并进行修正，绝对不能让次品流到下道工序去。 给我打电话的这位季节工的心理活动，正是"自働化"的反映。 装配线总归是要依靠人的，因此装配课长的工作应该就是把所有课员培育成像他那样，时刻装着"自働化"思想的员工。

◆ 通过机械化实现的工时减少没有意义

认为"机械化就是工时减少"的思想在今天的生产现场依然根深蒂固地存在着。 但是，"机械化"所带来的绝不是工时的减少，减少的只是该工序中的"体力负荷"。

假设在需要 10 个人工作的地方导入一台可以做 0.3 人份工作的机器。 从数字上来看似乎可以为 10 名员工减少 0.3 人份的工作。 但是，0.3 人在实际中是不存在的，因为人只能用整数。 因此，导入这台机器以后 10 名员工却仍然一名也不能少。 而且，还需要为导入的机器提供零部件，以及进行定期检查和保养等作业。 这样，工时不但不能减少，反而还会增多。

在工序中如果导入可以完全进行独立操作的自我完结型机器自然没有问题，而一般情况下，当导入机器后，都必须在其前面或后面安插人手，这样的话就达不到节省人力的效果。 因此，在丰田不存在为节省工时的自働化，有的只是为了减少"体力负荷"的自働化。

这里所说的体力负荷并不是指工作的量，而是指俗称"3K"的"累"、"脏"、"危险"的工作。 换句话说，就是把不适于人做的工作让机器来做，而适于人做的工作就必须由人来完成。 这就是丰田生产方式的哲学。

在我曾经负责过的机械化中，有"有机溶剂汽油的注入"、"沉重备胎的搭载"、"大块车玻璃的顺序供给"、"沉重助力系统的顺序供给"等。

曾经有过这么一件有趣的事。 大约 10 年前，听说某家公司开发出一种可以自动将电池装到车上的机器，我便去参观。 当时看到的景象是，在生产线旁，员工们正在费力地将电池摆成一排，摆好后再由机器将电池吊起装到车上。 这也能算是机械化吗？ 明明员工们正在做着沉重的工作。 从丰田生产方式的机械化角度来看，不得不说这实在是太有点儿本末倒置了。

◆ "质量要在工序中保证"的意思

"自働化"的最终目的，是决不能生产出次品。 要排除万难，以保证不将次品流到后工序去。

这里重要的是"后工序"。 不是先流过去，最后再一起检查，而是要在每一道工序里，保证只生产没问题的产品，然后再流到后工序去。 丰田将此称为"在工序中制造品质"。 一说起"制造品质"，很容易被误解为"拿出全力，奋力拼搏"，但实际上不是这样。

人的注意力是有局限性的，因此，次品的发生率是无法控制为零的。 在此前提下，再去思考如何在工序中抑制次品的发生。 前面出现的"POCA-YOKE"也是其中的方法之一。

要充分活用"POCA-YOKE"，以防止次品的发生。比如在流水线上放置"挡板"，将尺寸不合格的产品挡出去，或者出现异常时自动发出警报声等。 此外，还应该在操作人员的动作中，加入完成作业后马上边走动边作检查的动作。

几年前，某汽车公司由于重要零部件不合格导致了多起人身事故的发生，从而上演了一场大量汽车被召回的事件。 之后，该公司为了强化质量检查，宣布在车辆完成之前共设置 5 道关卡。 当时听到这个消息，我似乎有些不敢相信自己的耳朵。

丰田在一个工厂里要设置 100 道以上的关卡。 不止如此，还要求所有员工都成为检查人员，在各自工序对质量进行相互检查。 而如果只用 5 道关卡来作检查，我担心这个公司将来的质量问题恐怕仍然很难杜绝。

◆ "浪费"指的是什么

在丰田生产方式中，经常可以听到排除"浪费"可以提高生产效率的说法。 那么，"浪费"指的到底是什么呢？

在"丰田生产方式"中，应该排除的"浪费"共有7种：

①生产过剩的浪费；

②空手等待的浪费；

③搬运的浪费；

④加工的浪费；

⑤库存的浪费；

⑥动作的浪费；

⑦生产次品的浪费。

实际上，"浪费"不止是这几种，其他还有很多。大野耐一在推行丰田生产方式时，将问题最大的，或应该排除的称为浪费，并将其进行了分类，于是便归结为以上这7种。

但是，最近社会上流传的丰田生产方式似乎越来越倾向于"语言的学问"，或"背诵的学问"。 大家经常把排除"浪费"单纯地看成是"改善"，一说起"浪费"，则似乎只知道上面这7种，而对开发出丰田生产方式的前辈们所认识的"浪费"的真正含义却并不清楚。

举个例子。 有一个人曾经在推进丰田生产方式的过程中非常活跃，退休后，还用与以前完全一样的方法，到不同行业、不同产品特性的领域进行指导，而当现场人员提出反驳时，他就会大发雷霆……实在没有办法，后来只好到我这里来取经。

再具体说明一下。 丰田生产方式是在汽车产业里产生的。 汽车是使用钢铁等便宜的原料制成的，零部件的价格基本上与其体积或质量成正比。 1 吨重的成品车价格大约是 100 万日元，因此零部件的价格可以按照大概 1 千克 1000 日元来计算。 在这样的背景下，便产生了各公司的零部件或者进行混载，或者用辐射状交通系统（hub and spoke）等的手法。

半导体虽然很小，但是价格很高。 1 克左右的 SD 记忆卡如果容量是 2GB，1 个就值 1 万日元。 像这种产品据说只要装满一个纸袋就能超过 1 亿日元。 某公司为了缩短运输时间，一直是单独地直接把这种产品送到客户那里。 这时，所谓的丰田生产方式的大专家开始出场，指出每次只运送一个纸袋子的产品太"浪费"，应该与运送机器零件的大型卡车一起混载运输。 后来由于道路阻塞，花了以前 3 倍的运输时间才到达。

这个例子用产品的价格来复述一遍就是，以前 1 亿日元的产品直接运送可以在 1 天以内送到，而后来觉得这样运输太浪费，于是将其放到承载 500 万日元产品的卡车上进行混载运输，结果 3 天才送到。 像这种过分形式化的丰田生产方式很容易成为阻碍日本制造业发展的因素。

丰田生产方式是一种"对物的看法、想法"。 当对其进行应用时，应该先"认准现地、现物、实情、实态"，然后创造出适合于该公司的独特的方法来。 这是铁的原则。

◆从哪个角度来看的"浪费"

在谈到"浪费"时，还有一个重要的事情，就是"从哪个角度来看的浪费"、"对谁来说是浪费"。 如果在这里判断失误，本来想消除的浪费结果却会变成更大的浪费。

其实答案只有一个，就是对于"后工序"来说是不是浪费。 丰田生产方式的原则是，决不能从物流的"上游"俯视"下游"进行判断，而是要随时从产品流的最后开始往前看。

产品流的最后是谁呢？ 是顾客。 应该按照从顾客出发逐渐向上游去的顺序。 如果是产品装配公司就是向零件供应商，如果是零件供应商就是向原材料公司，必须经常把视线向"上"，再向"上"，不断检查是否有

"浪费"，如果有就采取对策。

起点永远是顾客，或者最终消费者。当找不到方向时，就回到这个原点。总之，决不能一切都从自己公司的角度出发。

◆很想看看来参观的女孩子

这是我知道的一位改善专家的故事。他还年轻时，在生产线上作业最大的乐趣不是"如何快速完成工作"，他的目的不是为了公司，而是为了他自己。

在丰田的装配车间，作业区域的上方是参观通路。那里时不时会有年轻的女孩子走过。他为了能多看一眼这些女孩子，拼命想办法缩短作业时间。动机虽然有些不纯，但目的是明确的。

当培养员工们的"改善"精神时，最重要的是"如何在改善中找到乐趣"。最初的动机，哪怕就像那位改善专家那样也可以。但是，随着改善的继续，其成果便会逐渐显现出来，再加上受到上司表扬等的"成功体验"，改善就会变得越来越有趣。

逐渐的，改善的意义会出现变化，为了公司利益的目的会变得只不过是一小部分，其他因素的比重会随之上升。比如，如何减轻进行同样工作的同事的负担，或者如何满足自己的上进心，有时"就是不能输给那个

通过现场改善培育人才

百闻不如一见，不看现场就不能掌握真实情况

传唤部署前，首先要亲赴现场

紧要关头往往能激发出好主意

问题点要用自己的眼睛去发现，自己去思考，
并用自己的双手去解决

迟巧不如拙速

想想哪里会有浪费…

088

人"的不服输个性也会成为促进"改善"的重要因素。总之，与自己斗争的侧面会变得越来越强，而这在结果上又会对公司整体利益作出贡献。

作为干部，总想培育出从心底里喜欢"改善"，不管在什么情况下总是谋求"改善"的员工。培养这样的人才是非常难的，关键在于如何让他感受到成功体验。

◆管理人员要思考"是否符合目的"

公司的"浪费"应该尽可能消除。这与职务大小无关，社长有社长需要做的，部长有部长需要做的，应该在各自的职责范围内尽可能消除浪费。这样，各种各样的"浪费"就会被消除。

比如，在某大型企业，据说当员工生孩子时，需要向公司提交的各种材料就有 13 种之多。这些不可思议的浪费，如果每个部门都努力去消除，应该早就没有了。

不过，生产现场的"浪费"，最好是让在现场工作的人去发现并采取措施。现场的干部应该还有别的工作，即"现在做的工作是否合目的"。必须要经常确认自己现在所做工作的目的是什么，是否在朝着这个目的前进。

是否合目的的判断是非常重要的，如果在没有作出这种判断的情况下便急着开始行动，就会把公司导向错误的方向。 干部的工作就是在生产现场进行判断，并作出正确的指示。

在我刚当上课长后不久，发生了一件让我认识到"什么才是干部的工作"的事情。

装配线当时以每 2 个月 1 次的频率，根据生产台数对工序进行重新调整。 那时，出现了一次罕见的大规模变更。 事前虽然预测了作业的数量，并安排了需要的人手，但当开始作业时，现场一下子陷入了大混乱之中，无法收拾。 在车间里有很宽的过道，当时一下子把过道两旁的架子都拉到了过道中央，想改造以后再作移动。可这下过道里摆满了架子，甚至连身子都转不过来。

分析起原因，还是由于作为课长的我没有作出明确的指示造成的。 应该明确指示"先从东侧开始作业，确认东侧完了以后西侧再开始"，正因为这句话没说才导致了这场大混乱。

这件事让我认识到了干部的指挥以及领导力到底是什么。 干部必须对部下明确指示出"目的"、"手段"、"优先顺序"。

欧·亨利有一部短篇小说《聪明人的礼物》。 在圣诞前夜，年轻夫妇想互赠礼物，但是没有钱。 于是丈夫把自己最喜爱的金表卖掉给妻子买了个梳子，而妻子为了给丈夫买一个配得上他那块金表的表链，把丈夫非常喜欢的自己美丽的褐色头发剪掉卖了。 他们互相费尽心思准备的礼物最后都失去了意义。

这篇小说也使我认识到没有干部存在的善意行为最后的结果会怎样。

◆ 终极的"浪费"

对于各工位而言，最终极的"浪费"是什么？ 是员工明明有能力，却让他们做能力以下的事。 可以用 12 秒跑完 100 米的选手，不能因为周围的选手慢，自己也跟着慢，这样时间一长，自己在不知不觉中就会变得无法用 12 秒跑完全程。 因此，要想维持自己的能力，必须经常尽全力去跑。

只有经常尽全力去跑，心技体才能够维持。 再进一步说，这样才能产生思考"怎样才能跑得更快的上进心"，即产生"改善"的欲望，从而会自然地迸发出各种主意来。 如果不继续跑，而只想维持现状，则甚至会引起体力的下降，从而失去运动的生命。

工厂也是同样的道理。 如果不经常处于满负荷运转的状态，设备就会生锈，员工的技术就会下降，连士气也会受到影响。 比如有这样的情况，5 个人则人数太多，4 个人则工作太多。 一般的公司此时会投入 5 个人，把工作平均分配。 而丰田生产方式会先给 4 个人分配满（作为弹性目标会多分配百分之几），然后让第5个人负责剩下的工作，并支援那4个人。逐渐的，那4个人会变得可以承担所有工作。丰田生产方式将此称为"靠近、停止"。

丰田生产方式就是要不断挑战，不能说"流水"作业，这个"靠近、停止"不只是针对人，同时也要把设备、空地和工厂作为对象，从正面进行应对。在这个过程中，部下就会得到锻炼，不断成长。

◆从最开始就要让他们站到击球箱中

我经常把丰田生产方式比作棒球。如果把部下看成是击球员，作为安全对策，首先就应该让他站到击球箱中，用自己的身体来感受投手的厉害。开始一定要打消他的傲气，当他知道自己的幼稚无知时，后面就好教了。接着开始训练，过了一段时间等他又觉得自己已经不错时，再让他站到击球箱中。要经常"不骄傲，不气馁"，让他认识到自己的实力，然后再让他对自己进行管理，即自律化。也就是说，在传授了工具的使用方法或回避危险的基本知识以后，让他进入实战。因为在训练时再怎么教他工具的使用方法也不会成为他自己的东西，这时当然也打不着球，而且还会犯错误。于是会被周围人笑话和批评，"这种球也打不着吗？"、"你看哪儿呢？"

这时，这个人非常惭愧，于是会边流着泪边咬紧牙关投入练习。这样，当打到球时的欢喜会更深一层，同时也会得到周围人的赞许。当然，也有人选择逃避，不去努力。对这种人要尽力去帮助，但如果是一味想逃避的人，也只能就此放弃。

要想击中好投手的变化球，最好是尽可能多地参加实战练习，这样就会逐渐看到很多东西。包括寻找应该改善的位置的诀窍，以及如何想出改善的方法等，都是在现场接受训练才学得最快。上场次数是由上司来提供，而努力、锻炼则要靠自己。这就是丰田流。

我总想把生产现场看成是"运动会现场"。前辈后辈的框架很明确，重视团队。教的时候是斯巴达式，高兴的时候或取得成绩的时候由大家来分享。

我在学生时代从来没有参加过体育方面的俱乐部。但是自从在丰田负责了生产现场，便掌握了体育方面的思维方式，以及与人的交往方式。同时还知道了团队的重要性，以及通过团队进行战斗时的诀窍。现在，我已经完全成为了一个体育通。

◆外包要改善吗

日本产业界曾经有过因为人手不足而陷入困境的时

期，大概是 20 年前左右的事情。 从那时开始， "外包"经济便盛行起来。 从电脑系统的开发、运用，到物流、总务、生产等各部门的外包，其范围非常广泛。 人才派遣公司得以急速成长也是在这个时期。

企业委托外包的理由各种各样，既有因为人手不足的，也有因为外包可以降低成本的，也有的是因为觉得自己公司培养有专门知识的人太麻烦。 其中，也有将外包看成是一种"改善"，从而把业务积极进行外包的企业。

但是，实行外包真的可以降低成本吗？ 我对此表示怀疑。

有的企业把员工的劳务费与外包费进行对比，当得出外包费更便宜的结论时便实行外包。 这时，以前做此项工作的员工该怎样处理呢？ 如果将其解雇确实劳务费可以下降，但那样会使整个组织的士气受到影响。 丰田生产方式首先绝对不会这样做。 如果我是当事人，就决不会愿意在为了利益可以随时解雇员工的组织里工作。

如果将这里不用的员工转移到其他更有意义，或可以对公司利益作出更大贡献的部门，则还可以接受。 但像这种积极意义上的外包似乎还没有听说过。 如果外包，以前用汗和泪积累的经验知识就会从公司内流失。对于生产厂家而言，这将是致命的。 近年，经常可以听到已经外包出去的业务又重新实行内制化的事例。 这一定有各种各样的背景存在，但只要是生产厂家，则肯定是把所有的经验知识、技术等尽可能放在自己伸手可及的地方更好。

再追加一点。我认为人的"本体"，即人之所以成为人的最大原因，是"脑"的存在。那么，企业的本体是什么呢？是股东、股票，还是社长或者员工？我认为，"人的集团的团体战"才是企业的本体，是使企业有活力的最大力量。如何维持由这个集团的团体战产生的能量和智慧，这直接关系到企业的未来。一旦将业务外包出去，就会很难实现再生。这就是否定外包的理由之一。

外包不是"改善"，认为是改善的人都是把工作看得很简单的人。说句实话，我认为最好不要在生产现场使用派遣员工（非正式）。理由之一就是转包法律规定，现场的干部不能直接命令派遣员工。如果想对他们说些什么，只有通过派遣公司的上司进行。这样就无法在现场产生团队的一体感。当发生问题时，也无法随机应变地进行应对。

还有一个原因，就是投入派遣员工就会在现场产生"派遣员工"和"正式员工"的身份差别，这个负面影响也很大。本来应该从对等的立场对等地交换意见，互相帮助，而一有差别，就会使这种应有状态很快遭到破坏。这种情形我曾经多次目睹。

095

第 4 章
丰田生产方式就是育人

◆将丰田生产方式导入自己公司的条件

千万不要认为，导入丰田生产方式是件很容易的事情。这不是通过雇用优秀咨询师，接受几年指导就能实现的，而是需要有一些条件的。下面就来看一下这些条件是什么。

正在考虑导入丰田生产方式的企业，首先要弄清本企业的基本立场，如"企业愿景"、"对待顾客以及社会贡献的基本态度"、"对待制造的理念"、"为实现员工的生命价值和幸福，具体如何提供支援"等，然后经组织讨论决定后，明文制定出"公司的基本方针"和"长期方针"。

接着，要检查本公司内部的"方针政策"与"丰田生产方式的哲学"是否存在矛盾。在此基础上，才可以将"丰田生产方式的导入"定为公司的方针。

一旦制定了公司的方针，就要决定负责执行的领导。通过观察选派谁来当领导，就可以看出公司的决心到底有多大，因此员工们都在睁大眼睛看着。我还在丰田的时候，感觉到由副社长以上的人直接领导应该是导入的前提。

决定下来负责执行的副社长以后，就要组建执行团队。这时考虑到该副社长的面子，于是就要从全公司选拔最合适的人选，组织起"全公司推进总部"，这个组织直接隶属于副社长。在各工厂也要组建起以厂长为领导的相同组织，并且一直展开到各生产课。这就像组建安全推进团队的感觉一样。

当作好这些充分准备之后，再来雇用优秀的咨询师。

通过上面的介绍，相信读者已经明白要想导入丰田生产方式需要作好什么样的心理准备和事前准备了。如果只知道让员工去听有关丰田生产方式的讲座，则不会有任何进展，这就如同在寺庙里买了个护身符，然后就一直摆在公司里一样。

接着，咨询师指导的内容将直接影响到今后发展的方向，这是非常重要的。

咨询师指导的内容应该只限于"丰田生产方式的哲

学"，即"对现场的观察方法和思考方法"。 其理由
是，单纯从技术上看，不管多么优秀的咨询师，他们手
里所掌握的手法，基本上都是"过去的"、"其他行业
的"、"在完全不同的企业环境中"曾经成功的方法。
而这些手法如果原封不动地拿去应用在其他公司，则结
果一定是不会成功的。

下面再从咨询师的立场来看一下。 就拿我在丰田生
产调查部时的例子来说吧。 当时，一接到其他企业关于
希望指导丰田生产方式的要求后，丰田方面一定会先让
他们从 3 种层次中进行选择。

（层次 1）构筑起丰田生产方式的体系

从咨询师队伍中派出专家，与对方现场的工作人员
一起制作道具、传授作业方法，当确认对方已经完全掌
握后便撤出。 这个层次，当产品发生变化，或课长换人
时，效果就会消失。

**（层次 2）可以留下丰田生产方式的体系和维持该体
系的人员**

让对方选出代表，然后带到丰田的现场，通过现地
现物让他们理解其体系，之后让他们自己建造起自己的
体系并试运行。 如果运行得不好，就让他们思考原因，
并让他们自己去作修改。

这样，在确认他们可以完全由自己来解决问题以
后，便撤出。

099

如果企业一把手能够对丰田生产方式的展开效果和员工们的贡献予以认可，并且加以支援，就会很快在全公司范围内推广开来。否则，只要负责的干部一发生变化，丰田生产方式的体系就会随之消失，于是相关人员就会在公司里失去自己的位置，有的就会独立出去选择做咨询师。

（层次3）将丰田生产方式作为企业文化固定下来

如前所述，①将其定为公司的方针；②一把手亲自带头进行推进；③构筑起强大的推进组织系统。当这些做好以后，让负责推进的副社长以下，主要是高层领导以及管理干部等实际去现场观察，并开展研修会，让他们真正成为推进的当事人。

具体体系的构筑与层次2没有什么不同，但导入以后要跟踪，还要积极开展由负责推进的副社长主办的公司内部改善事例发表会，以及导入企业之间的共同研修会等。丰田集团各公司和主要供应商等就属于这个层次。

通过这些例子可以知道，根据希望导入的态度不同，指导的方法也有所不同，而且其后的情况也会因此而有所差别。

这里有个例子。第二次世界大战后，日本的汽车产业是从一片废墟中重新起步的。很多公司都是从海外汽车公司那里买来图纸，进行轿车的生产。

如，IZUBE＝HILMON，日野（HINO）＝雷诺，

等等。

丰田、本田和铃木都是自己公司设计的。

由于当时这些做法上的差异，造成后来各公司之间的差别甚为巨大。 这只需看一下今天各公司轿车生产的情况便可一目了然。

丰田生产方式是有生命的，而作为导入对象的各作业岗位也是有生命的。 这就像做脏器移植手术一样。如果要导入的岗位没有自己的主体性，不认真作好事前的接收准备，仓促导入，就会引起排异反应而受到重创。 在最先进的医疗领域里正在作这样的研究：将由某人自己的细胞所制作的脏器移植到其体内时，事后的反应良好，成功率也会更高。

总之，由自己公司的员工来构建属于自己公司的丰田生产方式的体系，这才是成功的关键。

◆ 培养善于观察和思考的员工

前面已经说过， "丰田生产方式是对现场的观察方法、思考方法"。

从公司或职场这种较大的单位来看，可将其视为生产体系。 不过，若是从"现场的观察方法、思考方法"来看的话，所谓导入丰田生产方式，其实就是要在每个人的"心"中，都植入"丰田生产方式的观察方法、思

新进员工的教育

公司全体人员参加的宿营研修
高中生→企业人

以课为单位的导入教育
以工作为单位的基础训练

以组为单位的导入教育
跟随岗位前辈接受基础技能训练

从刚进公司就开始编织人际关系网······

考方法"。

导入丰田生产方式后，如果认真去实践，其内在的
"育人机制"就会起作用，从而人才会得到培育。被培
育出来的人才，还会继续发展丰田生产方式。而进化的
丰田生产方式反过来又会促进对人的培育。从而进入这
种良性循环之中。

因此，有一种说法就是，"丰田生产方式就是育
人"。

要想真正导入丰田生产方式，必须要在事前进行
"育人"，直到培育到可以进行导入的水平。这个水
平，同时也是作为生产现场成员所应达到的水平。

下面的"育人"观，即使对不想导入丰田生产方式
的读者也应该会有借鉴意义。

一说起育人，大家就很容易评论起自己公司研修计
划的好坏。

比如在丰田，针对新员工、管理干部的研修等，根
据对象不同准备了各种各样的研修项目。

但是，光这样是无法进行育人的。重要的不是在一
个集中的时间和地点进行教育和研修，而是要将教育渗
透到日常工作当中。

通过工作，在实践中让员工掌握自己公司"现场的
观察方法、思考方法"，其要点之一，是与上司的交往
方法。这里，先从上司的作用上来看一下育人的关键所

在。 不过，在这之前先要作个声明。 很多人一提到丰田生产方式中的育人，就会想到是不是将所有员工都复制成一个模子。 绝不是这样的。 一个公司里只有拥有各种各样的人才，企业才能健全。 只有大家有不同的思路，才能进行危机管理。 因此，必须在这种前提下，去雇用和教育员工。

在丰田内部流传着这样一个真实的故事。 在丰田担任会长，后又在经团连担任会长的奥田硕先生，由于与上司不和，被派到菲律宾的丰田公司当法人。 后来当时的社长丰田章一郎到菲律宾出差时，发现奥田很有才，于是就把他一起带回了总部。 如果当时丰田的首脑们不承认这个"异端分子"，不能够对其人格予以正当的评价，恐怕奥田就当不上丰田的社长，那么现在的丰田就可能会是另外一个样子吧！

丰田生产方式所培育的，是能够对丰田公司的"应有形态"达成共识的"同志"，他们之间相互切磋琢磨以追求"实现自我"，从而形成充满个性化的团队。

◆构筑起浓厚的人际关系

丰田公司里存在着无数的组织和俱乐部，如同期会、县人会（老乡会）、职长会（班长会）、××学习会、文化活动或体育等各种俱乐部……新员工进入公司

后，会受到各种热心的入会邀请。 其中，很多都是没有
上下级之分或没有工作部门之分的组织，因此公司内各
部门之间的员工可以通过各种形式联系起来。 这里面 1
个人同时参加 10 个以上组织的情况也不少见。

长久以来，有意识地组织这种俱乐部的结果，使平
时在工作上几乎没有交点的员工和高层干部之间，可以
通过参加相同兴趣的俱乐部相识，于是增加了很多交
流。 比如，有了这种关系，当想商量什么事或迸发出一
个有意思的念头时，便可以马上付诸行动。

当这种人际网丰富起来以后，工作上的上下级关系
或部门之间的壁垒就会消失，组织内的空气流通就会变
得好起来。 这样，即使公司规模变大，也总能保持中小
企业的特点。 对于丰田而言，这是非常重要的组织构造
和习惯。

顺便提一下，不用担心这些组织和俱乐部发展成为
"派系"。 派系只有当俱乐部的数量少时才会产生。
而且派系一般都是建立在一定的利害关系基础上的，而
丰田员工个人加入的这些俱乐部则丝毫没有利害关系，
因此不会形成派系。

◆为什么说人际网很重要

前面已经讲过，丰田的员工有很多人都认为"自己

脑子很笨"。 脑子好的人，往往不与别人商量就什么事都自己做主。 丰田的员工不是这样，所以就需要在平时构筑一些人际网，以备需要的时候可以用得上。 实际上，人际网的优点还不止这些。

如果经常活用自己的人际网，自然就会得到很多信息。 比如公司到底是怎么考虑的；当公司作出某项决策时，其背后有着什么样的背景；明年会出什么新产品；课长要有变动，接下来哪一位系长会接任等。 这样，即使物理上不在同一栋楼，或不在同一楼层，仍可以像在一个大房间里工作一样，其他部门的情况都可以了如指掌。 于是，便会很清楚自己必须做什么，应该做什么，从而对如何"创造性"地完成工作，以及为将要发生的事态作好充分的准备。 如果能够出现这种循环，则无论对于课，还是对于公司整体，都是有利的。

当然，伴随着这种网络的活用，也会得到一些不好的信息。 这时可以针对这些负面信息开展改善，或提高危机意识。

前面介绍的 YAMATO 运输的小仓社长在开创宅急送服务时，把在那之前一直处于敌对状态的工会变成了朋友。 他曾说，"当公司出现问题时，工会是可以最先发现这种征兆的神经组织。 因此大家应该一起努力推进宅急送事业的成功。"由此看来，员工们的人际网，又何尝不能发挥出这种神经组织的作用呢？

◆ 对偷懒的人要公开批评

部下各有不同的人格特性，能力也不一而足。 能够拥有文武兼备的部属是上司的福气。

一般的公司都会重视正规录用的员工（毕业后直接进入公司的人），而轻视中途录用的员工。 但从我本人的经验来看，其实应该正好相反。 中途进来的员工都在不同的行业或岗位上工作过，有着不同的经验，而且会比别人更努力。 实际上在我们课里遇到困难时，有好几次都是得助于这些人各方面的能力。

说起能力，既有胜利者也有失败者。 就自然法则而言，正是因为有失败的人，才会有胜利的人，而且由于失败的人会向胜利的人表示敬意，于是才会产生出"和"来，组织也会因此而更加团结。

孩提时代，当我看到磁石有 N 极和 S 极时，想把 S 极也变成 N 极，于是费了很大的劲将其切成了两半。 本来期待着分成两块的磁石可以有一个只有 N 极，另一个只有 S 极，可是一检查才发现两块都是既有 N 极又有 S 极的普通磁石。 后来，当听说不管磁石变多小都会有 N 极和 S 极时，我立刻就理解了。 同时我还领悟到，胜利的人和失败的人也是同样的道理。 于是，在公司生活中，这个道理便成为了我的信念。

对于组织而言，最头疼的是作出指示以后，有认真

107

执行的人，也有偷懒的人。 中国四大名著之一的《三国演义》里有个"挥泪斩马谡"的故事。 当军师诸葛亮率军打仗时，自己最信赖的部下马谡却没有听从命令。 于是诸葛亮为了严肃军纪，便在诸位大将面前斩杀了他。当年，我就曾经遇到过类似的情况。

那时，我的十几名下属之中，有几名没有听从指示，偷懒了。 这时，我突然领悟了"挥泪斩马谡"的意思。 于是刚刚当上课长的我，鼓起勇气，大声批评了长我 10 岁的下属。 当批评完以后，我感觉到"这下才算是真当上课长了"。

从那以后，我一直（故意）保持着在大家面前批评偷懒下属的习惯。

◆在新人教育中加入"接受批评的方法"

最近，无论是在家里还是在学校，几乎看不到批评孩子的情形。 也可能是因为家长们没有自信，而老师们则担心，如果批评学生就会被家长和教委会知道，这样不知什么时候就有可能发展成为教学责任问题。

而这样发展下去的结果，就使没有教养的孩子增多了。 这些孩子会不受家长和社会的束缚，不能认真地生活，面对逆境也会显得非常脆弱。

长大后，这些孩子会进到企业里来，而企业在对他们进行社会人的教育之前，还必须先进行作为一个合格人的教育。因为，不这样做，在工作上根本无法使用。

我在担任装配课长时，曾经与部下商量过关于新员工教育的事，我们在"该批评的时候大胆批评"这一点上达成了共识。自己能做而没有做的人就是故意，对这种人要在大家面前严厉批评。同时，对于犯过失的员工，要让他们不断重复问"为什么"，以训练他们寻找真正原因的能力。

如果不在大家面前批评，他们就不会深刻记住教训。批评之后，还要将错在哪里认真细致地讲给他听。其中也有提出异议的员工，而当他们知道道理以后都会理解的。

批评是在应该做而没有做的时候进行，而且还要说清楚由于这个错误给多少人带来了麻烦，给公司带来了多少损失。

但是，光批评是不行的，批评完以后必须进行跟踪。这时，如果态度一下子变好则反而会起相反的效果。绝对不能说，"本来不想批评你，实在是没有办法……"否则，马上就会被员工小看。

从没被别人批评过的人，在心里的某个地方总希望被批评一次。在理解了这一点以后，再去掌握正确的批评方法，这也是上司的责任。只要批评的理由清晰，批评的方法正确，被批评者就一定会跟定这样的上司的。

109

◆大声打招呼

对高中毕业的年轻人的训练，这里还想强调一点。

在丰田，高中毕业的年轻人在进公司后要接受 4 周的新人教育。 在这期间，会重复进行新员工教育和实习，让每一个员工都掌握从工具的使用方法到对前辈打招呼的方法等。

在这个过程中，我非常重视的是，每天早上出勤时，让他们都大声说出自己的姓名和所属部门。 开始，很多年轻人会因为不好意思张口而发不出大声，但时间一长，大家都可以自然地发出大声来。

不可思议的是，到这时，以前多少有些抵触情绪的年轻人也会变得很随和。 比如，最近的年轻人喜欢穿裤子时让裤子尽可能往下坠，甚至肥大的裤子一直要坠到肚脐以下，都认为这种穿法很帅。 但是，时间一长，这些人也会变得与正常人一样穿裤子。 大概他们开始发现自己已经成为社会人了，而身为社会人，就必须像一般的社会人去着装。

当时我和部下曾经放出话去，"哪儿有难管的年轻人，都带到我这儿来。"因为我已经找到了改变他们的自信。

◆ 相信部下，给予稍高的目标

要想让员工拼命工作，一有机会就要对他们说，"你对公司来说是非常重要的人，你是不可缺少的人才。"光从嘴上说他们是不会相信的，必须从行动和态度上表现出来。比如，丰田生产方式是这样做的。

首先，相信员工。然后给他们分配稍微高于他们目前能力的任务。这时，决不能把答案告诉他们，而是要让他们自己思考。这样，部下就会为寻找答案而努力，而这个过程便能真正地培育部下。

一旦部下把答案交上来以后，再公开自己的答案，将两者作比较。其中有时部下的答案会更好，这时就要在心里承认自己思考得不够全面，并坦诚地夸奖部下。

至于为什么不在开始时公布自己的答案，有两个理由。一个是因为让他们自己思考是有意义的。另一个是如果给他们答案或提示，他们的思维就会被束缚住。这样，部下的个性和创造性就无法充分发挥出来。同时，让他们知道，很多时候答案不一定只有一个，而是会有很多个，这也是非常重要的。

此外，不是鼓励他们"一定要成功"，而是从背后支援他们，让他们"不要害怕失败"，这也是非常重要的。因为害怕失败就什么也做不成。同时，在部下正在思考答案的过程中也要作跟踪，要注视着他，传递出

育人在相互信赖的关系中进行

上司绝不能说出答案

- -

丰田式育人法的"说服力"
丰田式育人法不是靠权力，而是靠说服力

- -

"做做试试看"更能说服人

- -

培养面对困难时的思考能力
不说出答案，让员工自己找出解决问题的答案

上司不给答案……

一种"我可正看着你呢"的信号，有时还可以给他创造
出一种让他去思考的机会。 这种有形无形的鼓励可以稳
住员工，给他们以挑战难题的勇气。

◆ 做得好时要表扬

做得好时要表扬，不管在哪个领域，这都是育人时
的精要所在，也是普遍的真理。 这里不是有意拿人与动
物作比较，事实上在训练动物时，"做得好时就表扬"
也是基本准则所在。 在得到表扬时谁都会很高兴，于是
便会产生下次一定要做得更好的意识。

在表扬时有个大前提，即只有在本人超过以前的成
绩，达成新的纪录时才表扬。 重要的是，上司是否具有
能够判断部下的能力比昨天提高了的注意力和眼力。 表
扬的行为实际上也是上司的能力受到检阅的瞬间。

◆ 要布置工作而不是布置作业

当想让部下做些什么的时候，不应给他们布置"作
业"，而要给他们布置"工作"。

作业和工作是完全不同的。 像"你做这个"，指定
用一定顺序做一个决定下来的事情的是作业。 与此相
对，工作是给部下一个整体的框架，至于怎么做和用什

113

么方法等都要让他们自己来决定。

比如，当制作椅子时，把设计图纸交给部下，让他完全按照图纸去制作的是作业，而从设计图纸开始都让他自己去做的就是工作。 当布置的是作业时，被指示的人不用动用自己的想象力，直接去做即可。 于是，不用下功夫，当然也就不会感觉到有兴趣，做完后什么也不会留下。 这样，单纯作业的技能也许会提高，但能够得到的东西却是非常少的。

而如果作为工作布置下去会怎么样呢？ 接到工作的人就会考虑，怎样保证在规定的时间内完成，怎样才能以尽可能少的成本完成，是否需要重新制定顺序，是否应该让新员工也参加进来等。

这样，一旦接到的任务是这种工作，就会自然产生一种责任感，也会涌出想做好的意识。 可能也会猜测如果成功了会得到什么样的表扬等。 于是，工作马上就会变得很愉快，从而很容易带来好的结果。

这种经历作为一种成功体验会在本人心中一直保存着，这也是非常重要的。 因为，正是成功体验的积累才能够使人得以成长。

◆ 选拔人时要从最优秀的人开始

当生产减少或推出新的项目时，上司要决定让谁来负责。表面上看，这似乎很简单，实际上却不是这样的。

在丰田生产方式下，要从可以负责的人中抽调出最优秀的人。

当被上司说"这个新项目谁都没有经历过，只能让最优秀的人来作个模范。所以我们选你"时，谁都会非常高兴，于是你会回答道，"好的，我一定会尽全力让这个项目成功。"

相反，如果听到这样的话，"因为你是最不能工作的，所以把你调到新项目上去。"谁都会感到很失望，同时也会失去斗志，还会从此与选拔自己的上司之间出现隔阂。而且，与以前一起工作的同事之间也会产生隔阂。

如果是抽调出最优秀的人，现场的员工会因为缺少带头人而感觉到责任变大。但是，同时这部分变大的责任也会激励起他们的干劲儿，于是大家都会对更高一层的工作，充满热情地去挑战。

这样看来，只要抽调人时从最好的人开始，则不论是对出去的人还是留下的人，以及对公司，其影响都将是正面的。这是一石三鸟，是最理想的选拔方法。

由于员工之间对于各岗位谁最优秀等都很清楚，因此当被选拔出来的人相互首次见面时，经常可以听到这样的对话，"噢，果然是你，我早就猜出来了。"

专门技能的学习、训练

C级：进公司第2~4年
　　 接受为培养出类拔萃的技能员的教育和训练

B级：进公司第6~10年
　　 学习成为管理者的技术和技能

A级：进公司第15~25年
　　 拥有课里最高水平的能力

因为你优秀，所以才提拔你的……

在这种背景下，很多员工都会在心里产生一种"我也要成为这里的第一，下次好被选拔出去"的思想，于是他们的动机就这样被激励起来。 选拔方法对于企业的运营而言是非常重要的。

◆对事不对人

这是贯彻丰田生产方式最重要的内容之一。

比如，在德国的竞争对手 A 公司，实行的是有名的名匠制度，由名匠管理着部下。 其管理的内容，不是工作的方法，而是对部下的能力和技能以个人为单位，用结果来评价。 当某项作业没有做好，给周围带来麻烦时，就会责问道，"××，这是你的错。 你为什么连这点儿事都做不好？"

但是，在丰田生产方式下，会这样说，"不是你个人的错，是教给你们的方法（标准作业）有问题。 所以，把方法改一下。"

可见，这两种教育方法的区别是很明显的。 A 公司的场合，被责问的员工会失去自信，与名匠的关系也会受影响。 而在丰田，由于是方法有问题，因此个人不会受到伤害，只要把方法改正过来就行了。 如果自己还是不能接受，可以围绕"方法"去进行意见上的争论。 通过这种争论，也可以使自己对方法进行认真的思考，努

育人时的问题改善

从"追求成功"转为"不要害怕失败"

谁做都不会出错的制造
　一定与育人联系在一起

丰田把"安定"看成是"停滞"

不能责备人，要在做法上找原因……

力找出对策。 这样，就会产生让该员工得以成长的土
壤。 要知道，这其中的差别是很大的。

在日本象棋比赛中，一场比赛结束后，会进行"感
想战"。 即一边重现每一步棋，一边讨论。 这时，决
不会有人说"这里下错了"，而是甲是怎么走的，乙是
怎么动的。 也就是说，这里不是评价棋士个人的下法，
而是通过重现每一步棋，找出胜败的原因来。

这就是对事不对人的一个很好的例子。

◆ 明天该怎么为难大家呢

据说，大野耐一每天都在想，"明天该怎么为难大
家呢？"为难是指丢出没头没脑的难题。 这不是成心捣
乱，而是要不断让大家去思考怎样才能生产出更好的东
西来。

大野耐一曾经指出，技术的"术"就是忍术的
"术"。 小时候，我们经常玩儿忍术的游戏，还看过很
多关于忍术的漫画和电影。 忍术可以使人消失、入地、
变成大蛇等，变幻自在、纵横自在、融通无碍……总
之，几乎无所不能。

大野耐一说技术的"术"就是忍术的"术"，是指
技术与忍术一样，可以变成任何东西，只要下决心去追
求，就什么事都可以实现。 因此大野认为，如果已经证

明是行不通的就没有办法了，而如果还没有得到证明，就从一开始便认为"不可能"，从而放弃，这是最不能容忍的。

于是，大野每天都丢出一些没头没脑的难题，来为难部下。通过这种为难，就可以挖掘出部下解决问题的智慧来。

如果不能挖掘出部下的智慧，公司就很难变好。当大家觉得"已经不会再有智慧出来了"，从而中途放弃时，现场就绝对不会变好。为了防止大家懈怠，让下属们可以经常以一种积极的心态面对挑战，大野将"给大家丢出没头没脑的难题"作为自己每天的必修课。

这对于上司来说，绝对是非常必要的。如果上司与下属之间的这种紧张关系变得淡薄的话，丰田的将来就会是非常危险的。

◆重复问 5 次"为什么"

大野耐一曾经说过，"不要有任何成见，以一张白纸的状态去观察现场。然后要对着问题不断重复问 5 次'为什么'。"

比如，假设发动机的组装工序发生了问题，那么问题在哪里呢？要想找到真正的问题所在，至少也要问 5 次"为什么"。

120

当发现一个原因以后，还要继续追问为什么会发生这个原因，等到查明以后，再继续问"为什么"，这样一点点儿追问下去。 这样的追问不重复5次，就无法找到比较深层次的真正原因。 当重复追问5次以后，对于如何解决该问题也会自然找到答案。

也就是说，不能大概地以为自己已经懂了。 而且，至少重复5次"为什么"也是一种正确的科学态度。

丰田生产方式就是通过在各种岗位上不断重复5次的自问自答而得以进化的。 这就是丰田生产方式的原点。

◆第9局下半场，2出局2好球3坏球时站在击球箱上的状态

组织如果没有紧张感，员工们就会出现松懈。 员工的负担越大，工作做得越出色，而且还会容易产生新的思路。 当然，如果把员工压迫到精神和肉体上都完全没有余地时，会出现相反的效果。 所以应该掌握好这个度，在低于这个程度的前提下要不断施压，让他感觉到走投无路时是最好的。 如果上司不施压，就应该自己给自己创造出这种状态。

实际上，丰田没有多余的人。 不管在哪个岗位，所有员工都在紧张地工作着。 拿棒球来说，就是"第9局

121

下半场落后 1 分的情况下，2 出局、2 好球、3 坏球、无跑垒员"的状态。 大家都是以这时的击球员的心态在应对着各自的工作。

如果是这种心态，那么早上从走出家门的瞬间开始，大家的心情就不同了，表情也会有所不同。 大家都会猜测今天工作会是什么样，会产生什么样的结果……于是就可以怀着好奇心，开心地度过每一天。

当从"2 出局、无跑垒员"的状态中得以反败为胜时，也就是在最后关头终于解决了公司难题的时候，这种快感是无法言表的。 对这种瞬间的体验越多，人生的价值和意义也会变得有所不同。

◆3 年过后就要准备交接

公司里，有被称为"职业课长"或"职业系长"的人。 从好的方面来理解，是暗示着某人作为课长很称职、很优秀。 而实际上，更多的时候是在嘲笑其长时间待在课长的位子上升不了职。 不管是因为他自己实力不足无法升职，还是因为没有空位子，总之，一直担任课长或系长总不是件好事。

在丰田，当一个人担任 3 年以上的课长时，周围就会问他，"你是不是想一辈子都做课长啊？"做了 3 年课长后，至少要在第 4 年时把自己课长的工作交给下面最优秀的人，即要作权限转让。 然后自己再学习更上一层的职务。 如果课长的上司是部长，就要把自己当成部长去工作。

也许有人会担心，如果把自己当成部长去工作，真正的部长不会生气吗？ 或者不会给指挥命令系统带来混乱吗？

实际上这种担心是没有必要的。 真正的部长自己也想做"更上一层"的工作，因此正等着有部下可以接替自己。 这时如果发现有这种可以接班的人，他会很高兴地推荐他为下期部长。 由于正式任命是由部长发出的，因此指挥命令系统不会发生混乱。

那么，为什么过了 3 年就要把权限移交给部下呢？因为上司必须要培养部下。 甚至有时候，这会成为上司最重要的工作。 通过这种权限移交，部下会得到锻炼。像那种只知道观察上司脸色，一切都听从上司指示的部下，在任何公司都是不需要的。 丰田所需要的，是只要有一点儿机会就想追赶，甚至超越上司的，有野心的人才，并且鼓励这种"下克上"的精神。

上司也不会在相同的工作上止步不前，而是不断在挑战新的工作，以及可以使自己不断成长的工作。 为此，要尽快让出位子。 所以说，过了 3 年就要准备交接了。

123

◆马斯洛的"需求5阶段说"

美国心理学家亚伯拉罕·马斯洛提出了"需求5阶段说"。他把人的需求像金字塔那样分成了5个阶段。最下面是生理需求，接着是安全需求，然后是归属需求、自尊需求和自我实现的需求。他认为，每个人都会当一个阶段的需求得到满足后，便会自然开始追求上一层次的需求。

在这5种需求之中，生理需求和安全需求是人在生存时，所必须满足的根本需求。归属需求是指希望与其他人产生关系，与其他人做相同的事情，也就是希望归属于团体的需求。

自尊需求是指希望在团体里使自己的价值得到大家的承认，可以得到大家的尊敬的需求。也可以称作认知需求。最后的自我实现的需求是指希望充分发挥自己的能力和可能性，进行创造性的活动，来表现自己，实现自己成长的需求。

从这个需求5阶段说来看，自我实现对人类而言是最高境界的需求。丰田生产方式就是要通过工作，使每个员工都实现最高层次的自我实现，这就是其目的所在。

读者们也可以试问一下，自己现在追求的是哪一个阶段的需求。这对很多人而言，都是重新认识自我的一次机会。

◆ "改善魂"

"若知还有更好，则永远不会停息，这就是改善
之魂！"

大野耐一临终时留下了这句话。

"若知还有更好，则永远不会停息，这就是改善之
魂！"——这是多么伟大的信念。被称为"改善之鬼"
的他直到生命的最后时刻还在为如何使生产现场变得更
好而倾注心血，这种坚定的信念实在令人钦佩。

我在指导下属时，经常引用这句话。因为，我想让
他们知道，大野耐一的丰田生产方式，特别是他对"改
善"所倾注的全部心血到底是什么。

在丰田生产方式中，包含了丰田佐吉、喜一郎社
长、大野耐一等前人的灵魂。同时，还包含了继承他们
遗志，给丰田生产方式带来更大进化的很多后辈们的
意志。

丰田生产方式的育人，也关系到如何将前人的思想
传播给后来人的重任。光听讲座是学不到精髓的，必须
通过日常的工作，才能真正传授这种思想和精神。从这
个意义上讲，丰田生产方式的育人是在每天的工作中进
行的。作为上司或前辈，在与后辈接触的过程中，通过
自己对待工作的认真态度，以及自己是如何开展"改
善"的，这种行动上的教育才是最好的育人。

125

第 5 章
加油！ 日本制造业

◆ 设立制造大学的初衷

日本制造大学于 2001 年正式开学了。 这标志着丰田章一郎名誉会长长期以来酝酿的构想终于变成了现实。 1999 年，通过与各界最有影响力的组织沟通，终于得到了文部省的认可，从而设立了学校法人国际技能工艺机构。 制造大学就隶属于该机构。 章一郎名誉会长就任国际技能工艺机构会长，由石冈慎太郎任该机构的理事长，由哲学家梅原猛担任制造大学校长。

设立该大学的初衷是这样的，"制造大学以基本技能和'制造之魂'为基础，再加上科学、技术的知识和管理能力，想通过这样的教育培养出拥有开拓新时代的感性和伦理观的人才。 这里十分重视实际的学习，不是像以前那样从理论入手，而是先让学生们接触实际，让他们亲身去感觉物体的生命，然后从中发现问题，再自己找到解决的方法，并自己制订计划进行制作。 与以往的理工科大学不同，这里还设置了很多实习科目，包括长时间的企业实习，需要学生们付出很大的努力，但这些付出一定会对他们的将来有特殊意义。 通过制造方面的教育，培育出可以自我实现的先锋来，这就是制造大学的目的。"

学科共有 2 个，即学习制造技术的制造技能工艺学科，和学习建设技术的建设技能工艺学科。 2 科都是要培养可以掌握实际技术的技术人员（既有头脑又有技术的技术人员）。 只要拥有大学入学资格，就可以不限年龄入学。 这里都是 4 年制，每年录取的人数是每个系 180 人。 此外还设有研究生院。

大学设在琦玉县行田市。 校园坐落在离 JR 行田车站不远的地方。 校园内设有宿舍，1 年级的学生几乎全在这里住宿。

◆制造部技术员室

在学校正式开学的前一年，章一郎会长问我，"怎么样，愿不愿意教教学生们制造。"于是，我便作为丰田汽车公认的第 1 号"传授丰田生产方式的大学教授"
到正处于准备阶段的"制造大学"去赴任了。

　　章一郎会长对日本制造业的明天持有很强的危机意
识。 真正了解制造业现场的人，已经变得越来越少。
支撑着日本制造业历史的真知灼见以及经验等正在逐渐
被大家所遗忘，有志于从事制造业的年轻人也在减
少……在这种形势下，为了能够改变现状而成立了制造
大学，而对于教授的人选则希望由亲自实践过丰田式制
造的人来担任。

　　能够被选为第 1 号教授，对我而言是莫大的荣誉。
我曾经在丰田的制造部技术员室工作过很长时间。 这里
是从"厂长的角度"巡视生产现场，发现问题并推进改
善的，其他企业没有这个设置，所以该设置是只存在于
丰田的独立部门。 每个工厂里都有几个专人负责，发生
问题时会集中相关部门的负责人追查真正原因并实施改
善，可见其权限是相当大的。 也可以把他们比作是报社
的记者游击队。

　　不过，并不是每天都有固定的工作。 刚被分配到这
里时，上司曾经对我们说，"你们的工资等于是在占着
那些现场流着汗的员工们的便宜。 你们的工作就是要尽
可能让现场的人少出汗。"

　　后来才知道，在丰田的生产中，这些技术员室的作
用是非常大的。 精通各种技术的团队拥有很大的权力，

129

他们对整体进行俯瞰，并指导改善。 正因为有这样的组织，才能够超越组织间的利害关系，顺利推进改善。 对于我而言，能够被分配到这里来实在是荣幸之至。 在这里，我学到了很多东西，也积累了不少经验。 可以说，我能有今天，也正是因为曾经在技术员室工作过的这段经历。

大概丰田的老板正是看到我有在技术员室工作的经验，认为我对制造的现场和技术都很精通，才作出"这个人是个多面手"的判断吧！

◆ "制造现场学"

想教给学生的东西太多了，比如作为现场管理人员的安全管理、生产管理、资材管理、劳务管理、采购管理、丰田生产方式、统计的品质管理、故障诊断法、领导力论、QC 小组活动……我认为这些知识不应该只是在教室里教，而应该通过开动学生们的"手"和"脑"，在实践中让他们亲身感受。 我将这些重视"现场"的讲义内容总称为"制造现场学"。

2006 年秋天，我听到了这样一则新闻，某知名大学为了让参加考试的学生感受到制造的乐趣，让他们参加了制作机器人的体验。

一调查，发现他们都是买来市面上出售的车轮、换挡箱、马达和电池，在组装好的汽车上装上"可编程的控制装置"，然后将其命名为机器人。 其中丝毫没有一点儿创造性，实际上只是"组装作业"和"输入程序的作业"而已。 这属于"拼凑型技术"，是发展中国家所擅长的领域。

而我想教的"制造现场学"，是通过统合各种要素技术和加工技术，制造出有独创性的、符合全体需求的产品来。 这就是东京大学藤本隆宏教授提出的"磨合型制造"，也是今后日本应该死守的技术。

◆新人研究室

2001 年 8 月 4 日丰田章一郎会长来 F 研究班视察

右二为丰田章一郎会长，右三为笔者

笔者在向丰田章一郎会长和野村校长解说1/5模型

左一为丰田章一郎会长，中间为野村校长，右一为笔者

在制造大学里，设置了为学习机械加工、钣金、焊接、制作磨具、精密铸件、成型，以及与制造相关的其他几乎所有技能所需要的最新机器和设备。一边教导学生们这些设备的使用方法，一边传授制造学基础，这样的工作非常愉快，一转眼6年就过去了。

我已经决定2007年4月从教授职位上退下来，在校期间与学生们一起度过的时光非常难忘，对我是种十分珍贵的体验。

除了正常授课，我还负责新人研究室，通称F研究班。新入学的学生们，对于制造都从来没有体验过。我们小时候，经常自己制作一些竹马或竹蜻蜓，再或是飞机模型等，凡是玩儿的道具都是自己制作的。而现在

132

的孩子们对组装式玩具甚至都没有什么兴趣。

要想向这些孩子传授制造的知识，必须进行一些调整。 即必须先让他们体验什么是制造，从让他们知道制造的乐趣开始。 要让他们通过自己动手和动脑，实际制造一些东西，并体验到其中的乐趣，而不是进行枯燥的理论教育。

从这个目的出发，我们在 F 研究班中设置了"自作艇竞划（制作小船，完全凭借自己的力量企划、试做、设计、制作、竞划）"项目。

◆ 为何选独木舟

之所以选择制作独木舟是有理由的。 我很喜欢船，在学生时代曾经迷过游艇。 进入丰田以后，30 多岁时肝脏生了病，甚至想过"我就这么死了吗？"对前途曾经十分悲观。 那时，不知为什么很想造船，于是找到几个伙伴一起买了一套价值 15 万日元的小艇的材料，利用公司休息的时间自己组装了起来。 艇的长度是 11 英尺，沿着模型纸切出薄板，用铜线连起来，再用 FRP 固定，这样船体就做出来了。

以此为契机，我从零开始重新学习了关于船的知识。 如船的发展史、船体的形状、构造、用途、动力……随着学习的深入，我发现，就像不同地方的水土也不同，船的形状和制作方法也是根据国家和地域而有差别。 现在我仍然可以只一眼就能看出哪一艘船有什么特点、属于哪个国家常见的船形、最高速度多少、排水量多少等。 也就是说，对于我来讲，船是仅次于汽车的容易教授的对象。

此外，从另一方面来说，通过制作独木舟正好可以学习到制造的基础——"磨合"。 要想造出一个成品只靠单纯的加工技术是不行的，必须要集合焊接、切削、冲压等各种加工技术，并对结合部位进行调整（磨合），才有可能制作出来。 当考虑怎样才能在实践中教授这些内容时，我便想起造船所需要的复合型加工技术对于刚接触制造的学生们来说应该是最合适的。

不光是制作，我还想让学生们实际乘坐自己做的船。 他们自己一坐上去，就会发现哪里做得好，哪里有问题，从而可以对以后的制作提供参考。 再说，自己乘坐自己做的船，这也会提高大家的兴趣，这也是目的之一。

由于我一直从事汽车方面的工作，因此对比赛的乐趣是很清楚的。 于是，很想让学生们也体验一下这种乐趣。 但是，如果是带动力的小船，驾驶时会需要驾照，而用人力划的船就不用了。 这样，我们决定让学生们制作手划船。

◆制作方法让他们自己思考

制作什么样的船呢？全长 4.5 米以下，宽 1.8 米以下，只要能满足这个尺寸几个人乘坐都可以，什么形状都可以。船体的材料是薄板，通过切割、粘合进行成型。至于定员、质量、辅助支架等都没有限制。

推进装置不能使用动力，只要不使用动力，用手划也好，用桨划也好，都是自由的。只是，用竹竿支撑水底这种古代的方法是不可以的。理由只有一个，就是那样实在是能力太低了。

制作期间是入学后的 4 月到 7 月末的大约 4 个月时间。这期间，先决定下来大概的形状，然后按照实物 1/10 大小制作纸船模型。接着，用薄板制作 1/5 大小的模型进行性能试验，并加以改善。最后，再开始进行真正的制作、试水、划船训练、调整等。在这个过程中，基本上可以学习到一整套制造的基础。

过程中，会遇到各种各样的难题，如怎样才能将薄板切割成自己想要的形状，怎样才能将薄板组合起来，怎样喷漆，什么样的船底才能最大限度减少水的阻力等。

当然，这些工作不是由一个人去做，而是将所有的学生分成 20 人一组，每组制作 1 条船。因为每年的新生是 180 人，应该是 9 个组 9 条船，但其中有的组会制作

2~3 条，因此实际上每年都有 20 条左右。 至于工具的使用方法、树脂的处理方法、模型和实船的关系，以及船的历史等基础知识都会通过教室里的课程进行传授。

但是，对于船要做成什么形状等具体问题则一概不会插手。 同时，也不会教授有关独木舟的知识，指定的只是大小等条件，由学生们自己研究、商量，从零开始制作。

实际看过独木舟的学生很少，更不用说制作方法了。 因此，学生们刚开始时都不知道从何入手，大家都会陷入混乱之中。 甚至其中会出现由于大家意见不统一而发生争吵的现象。

从老师这方面来说，"什么都不教，让学生们从零开始制作"是最大的得意之处，这也是贯彻了丰田生产方式中"上司不能给部下布置作业，而要布置工作"、"不要自己思考答案，而要把难题丢给下属"等基本原则的教学方法。

前面已经讲过，在丰田生产方式中，不断丢给现场团队新的课题，可以提高现场的士气，促进他们的成长。 人只有在经常被逼到走投无路的状态下，才能在精神上变得强大起来。 同时，在这种情况下，很容易迸发出好主意来。

对于以前一直被家长的爱包裹着，过着安逸生活的学生们而言，一下子把他们逼到紧张状态似乎有些可怜，但为了让他们真正感受到制造的乐趣，这其实也是不得已的方法。 于是，只好强迫自己变得严厉起来，让学生们自己思考，期待他们发挥出积极的自主性，并能从此发奋图强。

◆不断成长的学生们

学生们有一间自己的教室，在这里召开作战会议，实际制作则在工房内进行。 在工房里，保存着几条以前比赛时优胜的作品。 有的老师担心，"当他们不知道该如何做时，去模仿以前优胜艇怎么办？ 那样不是就没有个性了吗，还会影响制造中所要求的创新性……"然而结果证明这些担心都是杞人忧天。 让我非常高兴的是，制造大学里的学生们都耻于模仿前辈们的作品，而是都很重视创新，因此他们都制作出了与以往不同的小艇。 恐怕同样的事如果发生在其他大学，结果就会不同吧！ 制作时间大约是 14 周，每周 3 个小时是属于大学的上课时间，但这么短的时间是不可能够的，因此学生们下课以后包括休息的时间也都自主地投入到制作赛艇中去了。

一临近 7 月，学生们就会突然着急起来，甚至会出现睡在工房里赶进度的组。 各组的情况各不相同，有的连船体的组装都还没有完成，有的已经组装好正在喷漆，而有的则完成了所有工作，已经开始划船练习了。

137

学生们在工房中的变化十分有趣。 在刚开始投入到制作独木舟时，他们的脸上呈现出很没有自信的表情，而当接近 7 月份时，他们的表情都变了，完全投入到工作中去，手上的动作也变得很有力量。 今年就有几个连打招呼也听不到，全身心投入到制作中去的学生，还有为了制作出自己满意的划桨，好几次彻夜工作的学生。

工房的环境也发生了变化。 开始时，道具、削到一半的薄板等散乱得到处都是，而后来经过整理整顿，扫除也很到位，工具等用完以后也会马上放到指定的位置。 看到他们似乎已经开始有些了解制造了，我感到十分欣慰。

◆比赛当天

当天的比赛想通过朋友的记录来回忆一下。

2006 年 7 月 29 日。 这一天，在琦玉县户田市的荒川附近的彩湖，举办了 2006 年度学生的"自制艇竞划大会"。 出场的独木舟共有 24 艘，在校生制作的是 18 艘，由于毕业生们也想参加，因此还有他们的 6 艘。 在这 24 艘中，还包括 1 艘完全由女学生们制作的。

在制造大学里，虽然女学生入学的人数很少，但每年都会有几个。 2006 年是 4 名。 当分组时（实际上是 1 年级的班），开始是把女生分拆到了好几个组，但由于男生们不听女生的意见，只顾自己制作，这招来了女生们的不满，于是今年特例准许 4 名女生组成一组。 她们的成绩是很受关注的。

比赛是"前进 200 米"和"500 米往返"的测时比赛。 上午是预选赛，下午是决赛。 救助船和照相用船也是由学生们制作，工作人员进行操作的。 在湖岸上支着帐篷，还设有总部席。

早上 9 点。 周围集中了很多学生家属和大学的工作人员，以及毕业生等，他们作为拉拉队都在为加油作着准备。 总部席前面的湖岸上独木舟排成一排，大家都在等待着开始的时间。 赛艇大小各异，形状也各不相同，既有双人艇，也有 8 人艇。 其中还有一眼就知道因为时间不够，喷漆只喷了一半的艇。 还有的是一直工作到比赛前一天夜里，今天早上才搬到会场的艇。

不久，选手们登上艇开始热身。 很快，预选赛就开始了。

这时，震耳欲聋的加油声一齐响起来。 有的学生跟着艇在岸边跑动。 有的艇在湖中心打转就是不往前走。有的艇平衡不好，晃动得很厉害。 有的划水选手很快就失去了耐力……真是呈现出一片悲喜交加的情景。 在检验大家 4 个月工作成果的预选赛上，前 10 名的组进入了决赛。

其中，女子组的艇也入围了，而且是第 3 名。 她们的艇都涂成了黄色，是单人划的很细的独木舟。 划船的

制造大学

2006年度　第6届　7月29日（星期六）

自制艇竞划大会
荒川附近的彩湖　10点开始！

●时间：7月29日（星期六）10点开始
●地点：琦玉县户田市荒川附近的彩湖
●交通：东京外环行车道

招募挑战者！

●学生及其他对自制艇竞赛有兴趣的人士可登录制造大学网站了解活动详情

制造大学
Institute of Technologists

彩湖路线图

140

女生很小，但却用非常有力的划法划着。

可能由于上午力气用尽了，下午的决赛中女子艇只排到了中游。 但是，她们的成绩已经足以令人称赞。最先冲过终点的是 C 组 205 艇，时间是 1 分 44 秒 88，比第 2 名快了 9 秒。 毕业生们的艇是第 2 次参加挑战，但结果却没能发挥出去年的水平，预选赛就被淘汰了。 从历年的记录来看，平均秒速是 2 米左右。 总的来看，表面上很干净也很漂亮的艇，成绩也都很好。

女子学生有志正在划独木舟

◆团体合作

经历过制作独木舟的学生，学到的东西岂止是造船。 首先，他们学到了团体协作的重要性。 以前，他们想怎么做就怎么做，不愿意被任何人干涉。 而通过与其他人的互相帮助，共同完成一个东西的制作，可以从

141

中找到以前从没有过的喜悦。

比如，每年都会有几名学生认为制作独木舟与己无关，于是完全不参加。 可到了最后时刻，他们便会坐立不安，结果还是主动参与进来。 刚开始我以为他们可能是不愿意被大家所抛弃，再或者是想趁最后抢夺劳动果实。 但实际上都不是。 原来是他们看到同伴们为了一个目标拼命思考，有时痛苦有时快乐以后，自己受到了刺激，已经无法不参加了。 于是，当独木舟完成后，大家会把手放在一起共同庆祝。

看到这种变化，我们也会非常高兴。 这让我们感觉到了年轻人爽朗的个性。

在这个过程中还可以学到一些方法论，比如在遇到困难时该如何打破障碍等，这时可以到网上去找答案，问负责的老师，或询问前辈等。 从这个意义上说，行动能力也会一下子得到提高。 当做了好几次都失败时，便会想放弃，但是如果放弃就无法完成独木舟。 当被这种问题逼到走投无路后，再转变思路，就会突然迸发出意到不到的解决方法来。 有过这种体验的学生面对逆境时会变得更坚强。 而且还会学到原来"产品"就是按照这样的程序做出来的。 在这个阶段，如果能够达到这个程度，从老师的角度来说就可以算作是非常成功了。 接下来，就看他们在剩下的 3 年学生生活中如何成长了。

◆ 老师们也在发生变化

F 研究班的独木舟制作，对其他老师也产生了影响。 在制造大学里，集中了在各个领域里有着专业技术的老师们。 他们都各自在企业或研究机关等一线积累了丰富的经验。

但是，最近学问被分得越来越细，越来越专业化，对制造的全体像能够从 1 到 10 全部学到的机会很少。老师们即使在某一个特定领域成为第一，却由于不懂得全体像，从而无法从整体的角度传授制造知识。

在 F 研究班里，除我以外还有 10 个老师在负责学生的指导。 在开始指导之前，老师要进行事前研修，自己先试着制作一次船。 老师们的这种自主研修，使他们也改变了许多。

首先，产生了团队协作。 加上由于制造大学是刚刚诞生的，老师们相互之间几乎都不认识，专业也都不同。 这些老师在制作独木舟这一共同的目的上一起工作。 这样，就产生了团队协作，也促进了相互之间的了解。 同时，通过亲身体验，他们还可以认识到制造中"磨合"的重要性。 从将来制造大学所起的作用来看，这是件非常有意义的事。

143

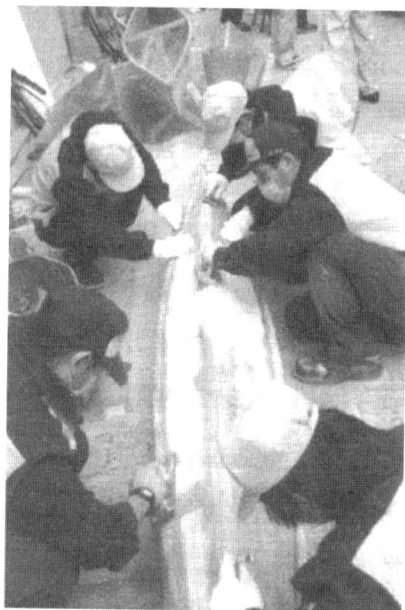

正在努力制作独木舟的学生们

学生们在自己制作的

5mm 三合板制成的难度很高的 8 人赛艇上奋力拼搏

◆ "三岁之魂"

日语中有句古话叫做"三岁之魂到百岁"。 日本的歌舞伎从 3 岁便开始练习，刚开始孩子们什么都不知道，但随着练习的继续会逐渐理解其中的道理，并慢慢将其融入自己的血液。 据说，用这种方式掌握的技术根基一辈子也不会忘记。 其实，在制造领域里，这种"三岁之魂"也是非常重要的。

刚入学便开始体验的独木舟制作，与"三岁"比起来似乎显得太迟，但作为亲身体验，对学生们今后的制造生涯应该会起到作用。

制造这个东西真是不可思议，只要将一条路搞通，其他领域的制造也就一通百通了。 我的父亲是个木匠，他只在木匠这个行业接受了严格的修行，而在其他行业从来没有学习过，可是他却可以模仿泥瓦匠，制作推拉门，还可以喷漆。 也许是因为他手巧才这么能干，但我认为不这么简单。

同样的道理，似乎在武术上也适用。 某位武术大师曾经说过，当一门深入，比如在剑术上精通以后，连长枪、棍棒、柔术等都可以应用自如。 所有事物都有感觉、诀窍、要害的地方，当将这些精通之后，便可以在其他地方应用，从而看到最本质的东西。

一边指导学生们制作独木舟，我一边祈祷，希望这种经历能够为他们认识制造的"道"创造出契机。

◆从制作独木舟得到的

F研究班的经验也给我自己带来了很多启发。 比如，在进行制造的教学时，通过与学生们交往，便可以发现目前人才教育所缺乏的是什么。

首先，从企业来讲，是没有充分发挥出人的多样性。 在中国有这样一个故事。 战国时期，秦国宰相孟尝君的食客中，有一个学鸡叫学得非常好，而其他方面却一无所长的人。 大家都很看不起他。 但是，当孟尝君被敌人追赶时，解救他的既不是武艺高强的武夫，也不是满腹经纶的文人，而是这位会学鸡叫的食客在关键时刻学了鸡叫，使守城士兵误以为天亮而打开城门让孟尝君逃了出去。

这说明不管有什么本事，都不会没用的。 但是，现在的企业喜欢用一定的标准或框架选择人才，超出这个框架的便会被淘汰。 其实我认为，企业应该吸收各种各样的人才，让他们在各种不同的场合充分发挥其特长。而如果只有一种类型的人，当发生与以往不同的情况时，就会无法应对，大家讨论时也只能出现一种答案。这样的话，在关键时刻可能就会走错方向。

如果将人才比作木材就更好理解了。 在盖房时，柱子最好用桧木，而房顶和房梁却不同。 房顶要用杉木，房梁要用松木，而且房梁使用的松木最好是软绵绵，有些弯曲的，因为这种弯曲可以分散房梁的重量，支撑得更牢实。 如果太直，则会承受不住重量。

以前的木匠会观察各种木材的种类和性质，然后将这些木材分别用在最合适的地方。 这样盖出的房，木材也会高兴，从构造上讲也会更结实。

我对现代企业中负责人事管理的干部们所提出的期望是，首先要集合各种人才，然后要像以前挑木材那样，根据各人不同的长处、短处、才能、可能性等，将他们安排到合适的地方。 如果能明确告诉自己公司的员工，希望他们将来成为什么样的人才就更好了。

F 研究班的学生们都有着不同的个性，各自擅长的领域也不同。 既有善于调查的人，也有手头很灵活的人。 凡是能发现组员个性，并充分予以发挥的小组，最后制作出来的结果一般都很好，而且速度也很快。 可以说，这也是理所当然的结果。

◆冲击日本"制造"的"6 个危机"

日本的"制造"目前正处于危机的状态。

危机 1 由于解雇现象横行，很多企业都失去了以前花费长时间培养起来的拥有专业技术和特殊经验的技术

147

员工。 2007 年以后，随着日本"团块世代"①的大量退休，这种趋势更加明显，情况变得更加严峻。

危机 2　工厂的海外转移不断增加，这使得日本国内制造业的空洞化越来越严重。　而这种空洞化又加剧了技术的海外转移，从而使维持和确保雇用变得更难。

危机 3　由于持续了将近 20 年的不景气，企业的实力已经明显下降。　对人件费和物流费等成本方面的负担已经感到力不从心。　工厂的海外转移，最大理由也是为了抑制人件费。

危机 4　社会上对制造业还留有"苦、脏、危险"的印象，年轻人不愿投身于制造业的情况依然在持续。　将来接班人不足的问题将会凸显出来。

危机 5　大学生不愿学理工科的趋势明显，对优秀人才的确保变得越来越困难。

危机 6　仍然存在很多有缺陷的商品。　这几年，以汽车为首，原子动力机械、家电产品、煤气器具等，很多领域都发现了有缺陷的商品。　而且，一多半都是由大型企业制造的。　如果追溯原因，技术上的问题也会有一些，但多数都是由于经营高层的错误体制所造成的。　包括怠慢、无责任、无自觉、责任的相互推托……

①　第二次世界大战刚结束时，日本连续几年迎来了巨大的婴儿潮，大量那时出生的人到 2006 年以后便开始满 60 岁，从而迎来了集体退休的高峰，并由此引发了一系列社会问题。

这属于构造上的问题，对于"制造"而言，也许这才是最大的危机。日本的制造企业，或者说所有的企业社会，到底是怎么回事？

◆为什么是"制造"

在这种情况下，很多人都主张"日本应该回归到'制造立国'去"，我也是其中之一。当我在宣扬"制造"的重要性时，总会有人站出来提出异议。

"为什么非得是制造业？各种产业中不光是制造业。与以前依赖'物'的出口不同，现在产业结构已经发生变化了。日本的服务业已经占到了GDP（国内生产总值）相当大的比重，信息产业和金融业等靠智慧取胜的产业也已经具备了很强的实力。也许制造业确实很重要，但今后信息等靠智慧附加值领导全世界的产业才是最重要的。日本应该举全国之力向这个方向转移。"

表面上看，这段话似乎有些道理，但请大家再仔细想想。支撑着信息产业的是什么？是电脑、服务器、连接用的光通信电缆等，这些都是"物"。即使是金融业，也需要巨大的电脑系统作支撑。ATM（自动取款机）和监视用镜头，也是"物"。在外食产业，如果没有高效率的厨房操作系统以及将发订货和会计统合在一起的信息系统，也是无法顺利运营的。

149

也就是说，如果没有制造业，其他产业就不可能发展起来。 这在美国已经得到了证明。 30 年前，美国的一位非常著名的学者曾经使用"脱工业化社会"的说法，预言产业界将迎来新时代。 他说，"我们的社会从农业社会转移到工业化社会，今后将会迎来以服务业和信息业为基础的脱工业化社会。"

实际上，美国在 20 世纪 60 年代以后，曾长时间领导着全世界的产业，制造业也相当发达。 进入 20 世纪 80 年代以后，正像预言所说的那样，信息产业和金融业等逐渐兴盛起来，似乎脱工业化社会已经到来了。 但是，这只不过是幻象而已。

为了抑制人件费，美国逐渐将制造业基地向海外进行了转移，结果使其制造业失去了竞争力，而同时，贸易赤字开始加剧。 由于伴随而来的国家财政也出现了大幅赤字，于是便形成了"双赤字"。 这样的结果，就是雇用环境明显恶化，汇率上也是美元严重贬值，从而使美国经济陷入了濒死的边缘。

从汽车产业来看，这个时期的美国也是非常失落的。 以前以汽车王国自居的霸气已经不见踪影，无论是从技术、质量、生产效率等哪个角度来看，都要拜倒在日本企业的脚下。 甚至会让人怀疑是否永远也赶不上日本了。

后来，美国在《广场协议》上，成功实现了使美元贬值的目的，力图恢复失去的霸权。 但是，这条路走得很艰难。 使美国真正恢复元气的，是 10 年多以后，在汽车和钢铁等基础产业领域才重新找回一些自信。

◆学习欧美

不要让制造业的"灯火"熄灭，要将"DNA"传给下一代。

现在，日本到处都可以听到这样的声音。 这也是我所在的制造大学从对"制造"的危机感出发，而采取的措施之一。 此外，其他诸如企业、业界、自治体、学校……都在从各自的角度进行着各种尝试。 但遗憾的是，这些都没有形成一股潮流。

比如，虽然制造大学每年新生人数都会略超过预定人数，但真正由于自己怀着很强烈的志愿而入学的学生却很少。 其中还有不少学生是因为家里经营着铁工所，或从事建筑业等，由于家长希望孩子将来继承家业而入学的情况。 这种为保留火种的举措才刚刚开始。

要想实现"制造立国"，必须要加速这些举措。 那么，如何创造环境，让孩子们可以感受到"制造"的魅力，从而自愿进入到这个世界里来呢？

我认为，现在最重要的，是要在家庭教育中给孩子们植入"制造的思想"。 这才是根本的"改善"。

151

这种范例，实际上在欧美就有。

日本人常被认为手头很灵活，要说灵活也不能否认，但说到制造，其实欧美人要灵活得多。 比如美国、德国或者英国，欧美人对旧房子或家具都非常珍惜，很多人都住在 100 年以上的房子里。 也许是因为很少地震，因此房子的架构一般都不使用木材，而使用石材，所以会非常结实。 然而不只如此，他们还有把旧东西修理以后再继续使用的习惯。

这里最重要的是，他们的旧房子和院子都是由自己来修整的。 修整房子在每个家庭都是丈夫的工作，他们一有空就卖力地开始修整。 他们的工作还不止这些，需要喷涂墙壁或房梁时，他们也会毫不逊色地做得干净利落，更换房上的茅草、处理下水道的问题，也都不在话下。

他们从孩子小的时候就开始灌输"房子外面的修整是男人的活儿"，并开始训练孩子们。 这个习惯会延续好几代，而孩子们学到这些技能则艺不压身。 因此遇到日常的活儿时，都不在话下。

房子里边的修整是妻子的责任，比如换墙纸、缝制窗帘和床单等。 在欧洲，每个家庭的窗户都擦得锃光瓦亮，并用漂亮的窗帘和花等装饰起来，从外面看上去都非常美丽。 据说，这种美是她们的自豪，也是一种自我表现。

　　在日本，如果我说房子的修理应该是男人的事，可能男人们都会有意见。 其实，我觉得真不该这样。

　　现在到处都有像大型工具店（Home Center）那样的自己动手做（DIY：Do It Yourself）专门店，喜欢逛这些店的人也不少。 虽然远比不上欧美那样的大规模和正式，但至少可以通过家长的演示，逐渐把孩子们培养成专家。 如果这样培养孩子，就不会出现从没有拿过刀子的孩子。 教孩子们做饭也是一种方法。 曾经听一位医生说过，让孩子小时候就开始使用菜刀，可以强烈地刺激大脑，对于幼儿教育是最合适不过的。 最近，似乎男人做家务已经成为理所当然的事，"男人不下厨房"的时代好像已经成为历史了。 因此，考虑到结婚以后的事，不管是女孩还是男孩，都要从小就教他们怎样做饭。

　　尽管路途尚且遥远，或许可以考虑就从这里出发。

◆从"农耕文化"到"狩猎文化"的教育

　　这里，还想谈一谈关于教育的方法。 大野耐一曾经多次说过这样的话，"日本人和欧美人在孩子的教育方法上是完全不同的。 欧美人喜欢趁热打铁，趁着孩子们还小的时候便进行严格教育。 比如礼貌礼仪、吃饭礼仪，以及应该到社会上自立等作为社会人所应遵守的规

153

矩等，都是从孩提时代便开始教育的。 如果孩子不听话，家长还会动手，严厉到几乎让人觉得可怜的程度。而日本人只知道娇惯、疼爱，完全没有应该进行教育的意识。 这样，孩子不能遵守社会生活的规则，长大以后就很难成为合格的社会人。"

日本人属于农耕民族，只要耕田、播种、浇水，再加上太阳的照射，庄稼就能成长起来。 这种农耕民族的"感觉"很大程度上影响了对孩子的教育方法。 而欧美人则属于狩猎民族，如果打不到猎物就没的吃，于是就无法生存，因此，从孩子很小的时候起，就要传授给他们狩猎的方法。 他们非常清楚，教育一定要从孩子还没有产生自我意识以前进行。

最近的孩子，也包括他们父母那一代，存在的最大问题就是"教育"。 比如，在乘电车时吃东西、化妆，不打招呼，欺负别人，易发怒，买电车票时即使后面排着很多人也不慌不忙地掏出钱包……真是数也数不完。

以前，日本人曾经被誉为"世界上最有礼貌、充满美德、亲切的国民"。 而今天，这些值得褒誉的行为却几乎连影子也看不到了。

据说，对待狗呀猫的这些小动物都是从教育如何大小便开始的，而对于人的教育，恐怕还是应该学习欧美的做法比较好。

如果作为成年人却总不能成熟的话，不要说制造业，就连国家的未来也会很危险。 这是每一个人都应该认真思考的问题。

◆对最高经营者的期望

为了实现制造业的复活，希望各企业的最高经营者考虑下面几个问题。

（1）独立的"管理会计"

要将"财务会计"和"管理会计"分开，构筑起适合于本公司的"管理会计法"，明确责任，并支持改善。

在一次到企业访问的时候，为我们带路的制造部长边走边懊悔地说，"上个月好不容易将零部件的成本降低了 2 日元，刚要高兴，突然办公室发生人事变动，使分摊费用上升了 3 日元，就这样改善的成果全化为泡影了。"

法律规定，财务会计要按照美国基准进行统一，使用的是将公司所发生的所有费用分摊在某种产品劳务费上的"全部成本法"。 为此，如果与制造部无关的办公室里增加了员工，则增加的成本就会反映在制造成本上，于是制造部长就会受到责备。 这是法律上的规定，因此毫无办法。

155

但"管理会计"则不同，它不受任何法律上的约束。可以根据自己公司的特性构筑起独立的体系来，然后可以将其灵活运用在经营上。

从丰田汽车的例子来说，在丰田生产方式刚开始启动的时候，据说现场和会计之间曾经出现过激烈的对立。在实行丰田生产方式改善以后，为了"减少库存"要进行库存调整，这样就会"降低开工率"。这两种做法从会计的角度来看都是赤字的元凶。于是，据说当时负责会计的花井正八副社长和负责生产的大野耐一副社长之间曾经有过激烈的对立（《丰田管理方式》河田信著，中央经济社）。

第二年，改善效果终于可以在会计的账面上得以确认，于是从此便形成了遵照商法的"财务会计"和为推进丰田生产方式的"管理会计"共存的局面。

我在丰田现场，作为工厂的一员，作为制造课长，在这种"管理会计制度"下做了 20 年的成本改善活动。为参考起见，这里作一下简要说明。

在这种会计制度下的成本是工厂直接成本，其中最重要的又是"变动费成本"。具体来讲，材料方面是这样计算的：

实际每台使用量 ＝ 每月总使用量/每月生产台数

每台改善量 ＝ 每台预计使用量 － 每台实际使用量

每月改善额 ＝ 每台改善量 × 每月生产台数

劳务费的计算会更复杂一些：

1 个人 1 天的工作时间 ＝（生产时间＋附带时间）＋他责时间

生产时间：从事自己岗位工作的实质时间。

附带时间：按照生产时间的一定比率所承认的用于教育和改善的时间。

他责时间：发生看板没过来、缺货等，因其他部门的责任使生产线计划性停止的时间。

关于生产线的评价：

实际每台时间＝总生产时间/总生产台数

成本改善额＝（每台预计时间－每台实际时间）×总生产台数×比率

从这些算式可知，通过这些算式，现场的努力可以完全得到承认。

例 1　关于准时化的展开

"在必要的时候，生产必要数量的必要的产品"也就等于"不能生产不必要的产品"。比如当距离下班还有 1 个钟头时已经把今天的部分都生产完了，这时生产线会怎么办呢？

一般的经营者都会担心工厂的开工率下降会导致赤字，所以很容易便决定把明天的部分也做了。到了明天再做后天的，就这样顺推过去。

大野耐一则认为，"这时如果不做就是劳务费的浪费"，"做了就是劳务费、材料费、零件费的浪费"。因此明确指示现场"决不能做"。 如果光是作这样的指示，则现场会出现赤字。 为了解决这个问题，便设置了"他责时间"的窗口。

这是一种由公司来对计划停止时间进行补偿的计算方式。 正是因为确立了这种构造，大野耐一才能对"生产过剩的浪费"是最大的浪费进行指导，然后将剩余时间实现可视化，并在补偿这部分时间以后，让现场进行了各种各样的改善。 其中冲压机的换线时间缩短改善是很有名的。 我相信，正是由于这种补偿系统起作用，才实现了今天丰田的腾飞。

读者们的公司又会是怎样的呢？ 如果经营者在没有做好评价体制前就贸然推进"准时化"，则一旦被现场认为是"就知道嘴里说"或"不懂现场"，就无法进行反驳了。

例2　对改善进行评价和推动

假设设立了弹性目标，减少员工并制定出每天加班30分钟刚好完成月度预定台数的计划。 如果在月中实现了可以正常按点下班，则减少的30分钟加班时间作为成本改善是可以予以表扬的。 一般到了这一步，改善的评价就结束了。 因为这时已经没有再缩短生产时间的动机了。

但是，如果使用"他责时间"，则可以按时完成工作的现场仍然会有改善的动机。 这就是，从让现场对每小时的产量进行竞争开始。 过一段时间，就会出现新的纪录，工作会做得更快。 这时，便开始"计划性地停止生产"，并将其作为成本改善的成果。 这样做，就可以在不生产过剩的情况下，对改善进行评价。

上面拿丰田的例子，对可以促进改善的"管理会计"进行了说明。 相信读者已经理解其重要性了。 为了很好地培育现场，公司一定要构筑起脱离财务会计，属于自己公司的独立管理会计制度。

（2）管理部门也要与现场一样进行改善

自从就任制造大学的教授以后，我便把家搬到了东京的驹入，并开始以此为据点活动。 每天我都在乘坐山手线和京浜东北线时观察公司职员们的行为，发现学习的人非常少。 外表很像高层干部，穿着高级西服的人，手里却拿着体育报在看。 中层干部模样的人大都是戴着耳机，或者读着漫画书。

晚上回家的职员们则大都喝醉了酒，有的甚至连路都走不直。 怎么看都与"不能分配作业，要分配工作"、"要挑战弹性目标"等相差甚远，由此可以推断出，大部分人都只是在惰性地上下班而已。 同时也可以看出，与现场的劳务费削减相比，管理部门的劳务费管理是相当松散的。

在丰田工作时，我曾经参与过现场办公室"收发订单业务"的改善。 在某工厂，有 6 名事务人员十分利索地工作着。 当时我不把他们看成是在做业务，而是看成在对写在传票上的"信息"进行加工（不是在对流动箱中的"产品"进行加工）。 即将其看成不是"业务处理"，而是"信息加工工序"的改善。 这样整理思路以后，剩下的就简单了，因为可以使用平时在生产现场进行改善时使用的相同手法。 首先，将业务处理的工作进行要素分解与整理，然后换成合理的顺序。 之后再实现流动作业化，以推进改善。

结果，原来 6 名员工还经常来不及的业务，现在用 3 名员工也可以很轻松地毫无停滞地完成了。

这里，希望最高经营者能够对管理部门的工作究竟应该是什么进行重新思考。 管理部门的工作可以分为"企划业务"和"日常业务"。 "企划业务"是收集信息，并进行分析、制定战略，对开展进行指挥，而这往往也是日本企业比较薄弱的地方。 这里是比试智慧的地方，不应靠人数，而要靠智慧来取胜，因而也要提高待遇以吸引优秀人才。

"日常业务"指的是可以程序化的业务，如资金管理、劳务管理、安全管理、资材管理、采购管理、生产管理、物流管理等，大部分都是处理账票类的重复作业，因此，相当于前面所说的"信息加工工序"。 这样，就可以使用丰田生产方式的手法进行改善，有时甚至可以将业务减少一半。 再加上如果充分利用 IT，还可以减少更多。

管理部门因为有被商法等法律约束的部分，因此任何一个公司都要做某些相同的业务。 这样，能够进行管理部门改善的人，社会上应该还有很多。

而另一方面，在工厂现场工作的人，正在用他们的固有技术支撑着公司，因此他们是不可缺少的。 这两者究竟孰轻孰重，需要读者进行认真的思考。

◆重新认识"自働化"的意义

自働化从"感知到异常后停止"开始，到"可视化"、"自己检查问题，无限进化的人的集团"等，其解释是很广泛的。

当在市场上发现产品有重大错误时怎么办？ 应该"尽快地"、"诚实地"承认，然后"尽快"作出处理。

丰田于 1989 年在美国宣布莱克萨斯诞生。 之后不久，就发现发动机的活塞杆有问题。 这种问题对于汽车而言是致命的缺陷。 这时，经营高层来到美国，深深低下头去，作了诚恳的道歉。 然后不计成本地为顾客提供代用车，为不给顾客添麻烦尽了全力。 美国人看到丰田的这种态度，不由得评价说："真是太实在了！"从而对丰田产生了好感，从此莱克萨斯的"粉丝"也增加了不少。

几个月后，又发现当进外气的孔被水滴覆盖时，冻成冰后会导致阻塞，这样会发生在行驶中燃料箱中外气进不去的问题。其原因是设计人员以为没有关系，便自行将通气孔的半径缩小了几毫米。这次召回事件距离上一次召回在时间上非常接近，因此即使被顾客彻底抛弃也是可以理解的。然而，大家还是拼死挽回，这下美国的消费者又一次赞扬了丰田对待顾客的诚恳态度，以及迅速的反应，从而变得更加信赖丰田。

当时，我在田原工厂也参与了莱克萨斯的生产，听到这件事时不由得落了泪。其他人也一样。从此，工厂里提高质量的热情变得更加高涨了。结果，莱克萨斯赢得了"顾客满意度世界第一"的桂冠，从那以来，一直保持着第一的位置。

◆各公司要建立符合自己特点的生产方式

上面提到不能让制造业的"火种"熄灭，带着这些冠冕堂皇的话一路道来，已经接近本书的尾声了。

前面曾经多次提到过，丰田生产方式不是方法论，而是一种制造业工作者的思维方式。可能有的经营者会把其当成一种药，以为只要吃了这种药公司马上就能变

162

好，而实际上不可能有这么大的神通。 说它是药也可以，但并不是可以具体写出药方的药。 药方需要由大家根据自己公司的实际情况，自己写出来。

世上的确是"诸行无常"的，解雇风潮刚刚平静下来马上猛烈的"M&A 旋风"又开始动摇产业界。 今后，人才不足、专有经验的流失、激烈的技术开发竞争、全球化等等，还会吹来各种各样的暴风。 等待我们的，将是在黑暗中的航海。

我希望大家都能创造出"属于自己的丰田生产方式"，以应付这种黑暗中的航海。

大野耐一和我们共同努力确立起来的丰田生产方式，是在那个时代，或者说是在丰田的背景下所确立的生产方式，而且，现在仍然在不断进化之中。 至于将来会变成什么样子，只有上帝才知道。

因此，即使大家模仿丰田，这个药方也未必对大家的公司有效。 一定有适合于大家自己公司的生产方式。本书所讲的只不过是给大家在构筑自己生产方式时提供参考而已。 大家要按照"现地、现物、实情、实态"多去倾听，多去观察，然后确立起自己的丰田生产方式来。 这就是我最大的心愿。

丰田生产方式也是为了追求"企业应有形态"的方法论。 不是只要能挣到钱就行，而是要做到洁身、律己、精进洁斋，从正面堂堂正正地去追求。 正是在这种

163

姿态当中，暗藏着丰田生产方式的康庄大道。

日本人一直认为，"'工作'是与上帝的对话"。我也是这么认为。 工作绝不是为了生存的手段，而是在上帝赋予的"岗位"上，与同事们一起，磨炼自己，使自己发出更明亮光辉的"主要活动之一"。

如果大家能够通过阅读此书，确立起属于自己的生产方式，并实现更加精彩的人生，对我而言，将是莫大的欣慰。

后记

在书的最后，想介绍一些本书中没有涉及，而又能反映出丰田生产方式之高深的例子。

（1）向装配线供给零部件的改善历史
■ 当时最先进的高冈工厂

从 1966 年开始生产的高冈装配工厂，是东西长、南北短的长方形，在东西方向上设置了 2 条往返很长的生产线，这是当时应用最新概念的工厂。工厂里，考虑到为了使零部件供应方便，将安装汽车底部的工序放在了最南边，从南边开始先安装发动机和悬挂系统等大件部品，以使这些大件部品可以用最短的距离供货。

当时的计划是，所有的外包件都从西侧运进来，然后放在与装配线车辆相邻，东西向流动的电动传送带（像缆车上挂着的车厢一样）上，这样将所有零部件向东进行传送。 由于当时工作太忙，总希望传送带上的箱子越大越好，因此在操作过程中没有出现什么问题。

■ 初期的丰田生产方式指导

在 1970 年左右，随着外包产品也开始实行看板化，丰田生产方式已经扩展到了全公司规模。 这时，存在着这样的问题：

①将每一个外包产品放上传送带，再卸下来组装，是费了两道手。

②传送带上的部品平均相当于 10 辆车的量。 这是库存的浪费！

③生产线一侧有足够的空间（当时只生产 COROL-LA）。

于是，在当时部长的命令下，将传送带全部撤了下去。

记得，当时是把所有轿车工厂的传送带都撤了下去。

■ 确保多样性

不过，只有总部的卡车装配线，大野耐一命令留下传送带，并且以后也一直在使用着。

轿车工厂完全是单件流，而总部的卡车工厂在大野耐一的命令下，是按照 5 辆的单位进行批量生产。 当时不明白其中的道理，误以为是大野偏心，直到今天，才终于弄明白了。 当时按照价值判断分出优劣，优秀的方法尽量多使用，而"劣"的方法也不能完全丢掉。 作为公司高层，要对公司整体负责，一方面要追求效率，考虑到下一代、下下一代，从而让某些部门对有希望的技术不断改善、成长，而同时，还要为万一发生时的情况作好准备。 现在终于认识到大野耐一的这种苦心，也不由得从心底里对他产生了敬佩。

■ 要分配工作

此事还没有完。

传送带消失以后，所有部品都被放入组装线的架子上，根据组装的车辆，自己从架子上选择需要的部品，然后拿到汽车旁边进行组装，再回到原位。

后来随着组装线上流动的汽车种类的增多，每个工序使用的部品种类也增加了，作业场地变得越来越拥挤。 这样，现场的改善就开始了。

①改变架子的形状，腾出空间。

②体积大的部品不用箱子，而是裸放在架子上。

③而且是吊在架子上。

④在指定地点按照组装的顺序准备好部品，然后依次放到架子上，等等。

此外，还对如何更容易将部品从架子上取出作了改善：

⑤按照不同车内的颜色统一放在一起。

⑥使用频率高的东西放在最容易取的地方。

⑦将手够得着的范围称为"好球区"，在这里放入更多的部品。

这些改善，都是由一线员工们自己提出来的。后来，作为有创意的建议，在 QC 活动中得以活用。就这样，边工作边思考，边思考边创造出更容易的方法来。

前文提到，"不分配作业，只分配工作"，我认为应该将一边寻找更好的方法一边进行的作业称为"工作"。

■ 装配线作业如同"抽鬼牌"

上面讲了关于部品架的例子，为了保证质量，对每台进行确认也是非常重要的。可能有人会说，"对每台都进行确认，这不是太麻烦了吗？"但是，实际上这种对每台都进行确认的方法可以将员工从单调的作业中解放出来。

有个游戏叫"抽鬼牌"。抓牌时如果抓到"大王"，就要放下自己手里所有的牌，如果抓到"小王"，就能得到桌面上的牌。在这个游戏中，大家都会祈祷自己不要抓到大王，每抓一张牌都是怀着好奇心的，这样时间就会不知不觉间过得很快。

如果这里的纸牌都是白纸，让你一张一张抓起来，很快你就会厌烦。要是把质量一下子就可以确定下来看做是小王，把进展缓慢、作业要迟到时看做是大王，就可以一边享受抓鬼牌的乐趣，一边应付 1 天组装 500 辆车的工作了。

■ 正因为什么都做，人才能得以成长

针对每个月的生产变更，员工可以根据自己的喜好，提出改善建议，改变部品架的设置，或者作业顺序。

各组有组内的工作轮换，或者到相邻的装配科去支援，正是因为经历了各种这样的工作，才能成长为出色的领导。

■ 新人工序

本书中介绍了关于新员工的教育，虽然在上岗之前会有 4 周的教育时间，但这样员工也不会马上就掌握所有的工作。 于是，考虑到由于"需要高技能的工作"和"涉及多种类部品的工作"等，对新员工而言是不适合的，于是便设置了适合新员工的"新人工序"。

随着生产变动越来越大，装配厂的员工进出也变得更加频繁。 这样，为新员工准备的"新人工序"既可以适用从外面来的员工，也可以防止由于生产变动带来的效率低下。 这样，"新人工序"就成为常年存在的工序了。

■ 成套部品供给的开始

随着员工的变动不断加剧，"新人工序"的需要量

不断增加，逐渐就接近了零部件种类的极限。 于是，决定将必要的部品成套供应给生产线。

■ 以生产线为单位成套供给

如果将生产线的所有部品成套供给，需要装上汽车的部品就会与汽车一起流动，这样，每次工序变更时，就不需要移动部品架了。 组装线员工也就没有选择部品的必要了。 这叫做"成套部品供给方式"。

■ 日产也全面展开

在一次参观日产汽车的工厂时，发现他们也在全面推行"成套部品供给方式"。 与丰田相比，谁走在前面很难说，但可以肯定的是，丰田和日产的装配厂采用的供给方式是完全相同的。 这令我感到十分意外。

■ 难道是历史的重演吗？

结果这种方式只是把高架输送带换成了自走式台车（Auto Guide Vehicle），与 1966 年建设高冈装配厂时的基本概念完全一样。 真让人不可思议，过了 40 年以后又回到了原点。 这也正应了那句老话，"历史总在不断重复！"

■ 历史是螺旋式上升的

对于历史的不断重复，我无意评价好与坏。

在 40 年的历史中，前 30 年我都是当事人。 作为当事人我努力尽了自己的职责。 一条生产线流动的车型数每年都在增加，与 40 年前相比，需要供给到生产线上的部品种类大概增加到了 10 倍以上。 应该说，历史不是简单地重复，而是在呈螺旋式上升。

■ 丰田生产方式随时代而变化！

这句话所强调的正是"诸行无常"。 时代在不断变化，丰田生产方式也在随着这种变化而不断进化。 如果停止进化，那么从那一刻起就会开始退化。 本书也介绍了一些 40 年前丰田生产方式的内容，希望读者能够一边参考后边的年表，一边想象一下其中的意义。

那么，"自己流生产方式"应该参考哪里的、何时的事例呢？ 其实，丰田生产方式"对物的观察方法和思考方法"是不变的，只不过每个时代都要穿上适合于那个时代的外衣。

■ 目前的部品供给方式所存在的问题

即使是最新的方式也有很多有待解决的问题。

①还保留着将零部件放到夹具上的工作，而且还会越来越复杂。

②需要费两道手的工作依然存在。

③每次工序变更都需要发动大家智慧的现场育人构造正在消失？

④对从供给箱中取出部品的改善很难进行。

⑤回到了员工不用动脑，只需动手的"摩登时代"？

⑥大野耐一"保留总部工厂的传送带"这种对多样

171

性的考量还能兼顾得到吗？

■ 目前的部品供给方式之后迎来的是什么呢？

现在的做法绝不是终点，不要停止而是要继续前进，这才是丰田生产方式。 希望能够出现可以解决上述①～⑥问题的年轻人。 到底这样的年轻人会从哪里出现呢？ 是丰田，还是日产？ 值得关注。

不过，从一线员工对工作价值的认识，以及培育下一代领导人的角度来看，时间已经并不富裕。

（2）重新思考丰田生产方式的人才培育

本书中多次提到，丰田生产方式中有育人的机能在里面，例如"要分配给他们工作"、"组装线是'抽鬼牌'"、"经历各种经验才会成长"等。

此外，如果仔细体会本书的字里行间就会发现，其实到处都有间接提到育人的地方。 育人绝不是娇纵员工，相反，正是因为严格，人才能得以成长。

在我担任生产课长时，曾经是我左右手的老员工 N曾经说过这样的话，"上面的领导为什么净让我们做简单的工作，简单的工作让人提不起劲儿，只有难办的工作干起来才有劲儿，才更想挑战。""为了使工作变得轻松而投入资金是荒唐的。 其实如果保留复杂的工作，并对能够应付这种工作的员工提供奖金，现场就会更高兴。"

仔细想想这些话，似乎不无道理。

正如此例中所说的那样，如果不去调查现地、现物、实情、实态，而只是为了使全员变得更轻松而进行成套供给，就会失去育人的机会。 对于想要培养的人要不断给他分配复杂的工作，让他成长；对于短期工，要尽量分配给他简单而又量多的工作，这种伸缩性是很必要的。

参考上面的内容，给每一个员工都分配工作，逐渐培育自己的部下，这才是身为主管的职责所在。

对于发自内心想培育部下的读者，如果能从本书中得到些许参考，则笔者会感到莫大的荣幸。

丰田生产方式的年谱和业界、国内的主要动向

年份	丰田生产方式	汽车产业	国内
1924	丰田佐吉完成"无停止杼换式丰田自働织机"（G 型自働织机）	石川岛、快进社、关东大地震受灾，停止汽车生产	展开第二次护宪运动
1925		美国汽车三巨头中的福特在日本设立日本福特	众议院议员公布普通选举法，男子普通选举议会通过《治安维持法》
1926		实用汽车购并 DAT 汽车商会，成立 DAT 汽车制造公司	大正天皇去世，改元昭和
1927		GM 进入日本，在大阪成立日本 GM	金融危机爆发

年份	丰田生产方式	汽车产业	国内
1928		命名新型 6 筒车为"SMITA"，完成"SMI-TA"A4、A6	
1929		成立石川岛汽车制作所日本福特在横滨新子安建设工厂	世界危机开始公布解禁黄金出口
1930		陆军汽车学校实验木炭汽车运行成功	在伦敦海军军缩会议上，日美英三国签订条约浜口雄幸首相在东京车站遭袭击
1931		商工省将标准车试做委托给石川岛、东京煤气电气和 DAT 三家公司	《重要产业统制法》公布
1932		石川岛汽车制作所和 DAT 汽车制造合并，成立汽车工业	国际联盟的 RITON 调查团来日发生"五·一五"事件
1933	设立丰田自働织机制作所汽车部	设立汽车制造公司完成 SMITA 型四轮驱动卡车	日本脱离国际联盟发生京都大学"泷川事件"
1934		汽车制造公司改名为日产汽车商工省将标准型车正式命名为"ISUZU"	摧毁陆军青年将校们的政变
1935	完成丰田 A1 型汽车的试做，丰田自働织机在东京发表卡车 G1 型此时，丰田喜一郎提倡"准时化"	确立 DAT SUN 的量产体制	美浓部达吉的"天皇机关说"被质疑政府关于国体明征发表声明

176

（续表）

年份	丰田生产方式	汽车产业	国内
1936		《汽车制造事业法》施行，丰田、日产得到批准 日本福特、日本 GM 被要求限制组装数量	发生"二·二六"事件 东京实行戒严令 日德共同防御协定签字
1937	8 月 28 日设立丰田汽车工业	商工省主办的汽车工业振兴展览会开幕	
1938	丰田汽车工业的举母工厂建成投产	日本汽车制造工业结成组合	公布《国家总动员法》
1939			近卫内阁总辞职 在诺门坎日苏两军发生冲突
1940			日德意三国成立同盟 大政翼赞会成立 日军进驻北部法领印度
1941		柴油汽车工业（ISUBE 汽车前身）成立	日苏中立条约签订 日美交涉开始 东条内阁成立 夏威夷珍珠港海战，太平洋战争爆发
1942	政府要求纺织业大合并，丰田纺织也与几家公司合并为"中央纺织"	日本汽车出口协会成立 日野重工业成立	日军占领马尼拉、新加坡 中途岛海战日军败北

年份	丰田生产方式	汽车产业	国内
1943	中央纺织与丰田汽车工业合并	商工省制定战时规格车	从瓜达尔卡纳尔岛撤退 山本五十六联合舰队司令战死
1944		日产汽车改名为日产重工业 发布汽车统制规制	决定紧急国民勤劳动员令要纲 塞班岛日本守军被美军全军覆灭 东条内阁总辞职
1945	8月16日，丰田喜一郎表明"要3年追上美国"，开始摸索适合于日本人的独立制造方法	根据GHQ备忘录第38号规定，只许可生产卡车	东京大空袭 广岛、长崎被投放原子弹 日本无条件接受《波茨坦宣言》（第二次世界大战结束） GHQ发表财阀解体、农地解放指令
1946	丰田汽车销售协会成立 丰田成立关东、关西协丰会	汽车制造工业协会设立 日本汽车会议所 设立汽车技术会	天皇的人类宣言发表 远东军事法庭开审 日本国宪法公布
1947	机械工厂尝试"多台持有"，开始实施现场改善、自働化	1月，丰田首次完成国产技术生产的试做轿车"SA型" GHQ备忘录规定每年可以生产小型轿车300辆	GHQ发布2·1 GEN-EST中止命令 公布《劳动基准法》、《独占禁止法》 片山内阁成立
1948	在机械工厂开始试验性地实施"后工序在必要的时候，到前工序去取必要数量的必要的产品"的后工序拉取方式	成立汽车工业会	发生"帝银事件" 芦田内阁成立 远东军事审判判决 发生"昭电疑狱事件"→芦田内阁总辞职→吉田内阁成立

178

（续表）

年份	丰田生产方式	汽车产业	国内
1949	开始导入"多台持有"	GHQ 解除轿车生产限制 日产、ISUBE 发表大量解雇	DOGDE 美国公使明示 Dogde Line 发生"下山事件"、"三鹰事件" 发表 SYOUBU 劝告案 汤川秀树获得诺贝尔奖
1950	劳动争议结束后，机械工厂开始正式导入流动生产、多工序持有 机械加工线与组装线实现同期化 在发动机装配线上采用"目视管理"和"安灯方式"	进入丰田劳动争议→6月解决 丰田汽车将汽车工业和汽车销售分离 石田退三就任丰田汽车工业再建的社长	公布《公职选举法》 结成总评 开始 Red Verge
1951	机械工厂导入"标准作业"的思想。作为作业指示书首次使用"看板" 制定鼓励员工提建议的制度	对丰田、日产、ISUBE三家公司进行对日援助资金的融资 丰田开始制定生产设备近代化五年计划	在旧金山签订《对日讲和条约》和《日美安保条约》
1952	丰田汽车的创造者丰田喜一郎去世		发生"五一"流血事件 设立保安队
1953		ISUBE 和 ROUTS、日产和 OUSTIN、日野和雷诺开始技术合作	NHK 电视广播开始 发生吉田茂首相的"混蛋"解散事件 修改《独占禁止法》
1954	机械工厂导入超市方式，将之前的月末集中生产改为平准化生产	第一次日本汽车展开幕	发生比基尼环礁水爆受灾事件 发生"造船疑狱事件"，犬养法相发动"指挥权"

179

年份	丰田生产方式	汽车产业	国内
1955	生产技术讲习（P讲习/ Production Engineering）开始 从自动化转向自働化 导入少量混载方式	通产省发表国民车育成要纲（案）	第二次鸠山内阁成立 正式加盟 GAT 自由民主党成立
1956		实施汽车损害赔偿责任保险	日苏恢复国交并签署共同宣言 国联总会承认日本加盟 设备投资高潮带来神武景气
1957	各工厂轮番召开"比率会议"	丰田汽车发表 CORONA	南极考察队建立昭和基地 第一次岸内阁成立 锅底景气开始
1958		富士重工发表 SUBARU 360	开始对修改安保条约进行交涉
1959	元町工厂建成投产 确立 TQC 的推进体制 导入更换方式	日产发表 Blue Bird	阻止修改安保条约的国民会议成立 皇太子结婚仪式 反对安保的游行队伍闯进国会内部
1960			新安保条约签订→新安保条约自然成立 岸内阁总辞职→池田内阁成立 浅沼社会党委员长遭刺杀

（续表）

年份	丰田生产方式	汽车产业	国内
1961	外包部品导入"红、蓝票方式" 元町装配工厂设置"安灯"	商业车的进口自由化 日本汽车联盟（JAF）成立	池田、肯尼迪日美首脑会谈 第一次日美贸易经济联合委员会会议召开
1962	公司内全面采用"看板"，包括机械、搬运、车体组装等 总部冲压换线时间缩短至15分钟	本田技研开始进入小型四轮车领域	东京都人口突破1000万 《中日长期综合贸易备忘录》签订
1963	采用工序的流动化 开始多工序持有	东洋工业 RE 试做车完成 三菱汽车发表 DEBONEA	在《部分禁止核试验条约》上签字 三井三池炭矿发生瓦斯爆炸事故
1964	丰田汽车工业为挑战戴明奖设置 QC 推进总部		IMF 8 国体制成立 加盟 OECD 东海道新干线开始运营 第 18 次东京奥运会开幕
1965	丰田汽车工业获得戴明奖		日韩基本条约等签订 朝永振一郎获得诺贝尔奖
1966	在从所有供应商所进的货上导入"看板"方式 采用旬间订货系统 上乡工厂完成带人字旁的自働化生产线	丰田汽车工业开发旬间订货系统 完成上乡工厂和高冈工厂 日产和 PRINCE 合并 丰田汽车工业和日野实行业务合作	全日空飞机在东京湾坠毁 修改休息日法 "黑雾事件"开始

年份	丰田生产方式	汽车产业	国内
1967		丰田汽车工业与大发工业实行业务合作，丰田英二任社长 日本汽车工业会成立 日本汽车保有量突破1000万辆	第二次佐藤内阁成立 美浓部亮吉当选东京都知事 佐藤首相访美
1968		丰田汽车工业的三好工厂建成投产 ISUBE和三菱实行业务合作 日产和富士重工业实行业务合作	美核动力航空母舰进入佐世保港 东大斗争开始 川端康成获得诺贝尔奖
1969	在生产管理部中设置"生产调查室"，协助看板方式以及丰田生产方式的普及和指导	丰田汽车工业的堤工厂建成投产 三菱和ISUBE的合作解除	佐藤首相访美，佐藤、尼克松共同发表声明 冲绳施政权返还，回归领土
1970	从这时开始探讨电脑和看板方式的配合 采用每日订单系统	丰田汽车工业在SERICA上采用"自助选择系统"（获得1972年度大河内奖） ISUBE表明与日产进行合作	在大阪召开日本万国博览会 发生日航机被劫持事件 三岛由纪夫由于政变未遂，剖腹自杀
1971	总部工厂的500吨、1000吨冲压机实现可以3分钟换线的"单数换线"	汽车的资本自由化 日产和ISUBE的合作解除，ISUBE和GM实行资本合作	《冲绳返还协定》签订 发生美金冲击 决定实行日元的浮动汇率制

（续表）

年份	丰田生产方式	汽车产业	国内
1972		丰田和日产的生产累计台数都突破 1000 万辆	《日美纤维协定》签订 冬季奥运会札幌大会开幕 田中首相访问中国
1973	将丰田生产方式进行系统总结的手册完成	发表汽车的尾气排放限制 丰田汽车工业的明知工厂建成投产 本田技研公开 CVCC 车	发生"金大中绑架事件" 爆发第一次石油危机 决定石油紧急对策纲要
1974	向对应低成长的"质的经营"进行转换，降低成本、提高设备"可动率"、促进少人化	汽车厂家强化尾气排放对策	佐藤前首相获得诺贝尔和平奖 发生"田中金脉事件" 田中内阁总辞职
1975	从此时开始，出现在其他行业的企业中导入看板方式和丰田生产方式的动向	丰田 COROLLA 成为世界最多的量产车 东洋工业的经营再建	英女王伊丽莎白二世夫妻访日 天皇皇后访美
1976	丰田集团各公司负责人集中起来成立了"丰田生产方式自主研究会" 看板方式在国会（众议院）上被提出来	丰田累计生产突破 2000 万辆 保有量突破 3000 万辆	国会让"洛克希德事件"的证人答辩 田中前首相因"洛克希德事件"被逮捕
1977	采用巡回搬运方式 采用"看板"的自动读取机 丰田汽车工业的下山工厂建成	发布汽车厂家 1978 年尾气排放限制对策	制定《领海法》、《渔业水域暂定措施法》 "洛克希德事件"公审开始

183

年份	丰田生产方式	汽车产业	国内
1978	丰田汽车工业的衣浦工厂建成		新东京国际空港（成田）开港 在北京签订《中日和平友好条约》
1979	丰田重建的社长石田退三去世 丰田汽车工业的田原工厂建成		发生伽曼道格拉斯公司可疑事件 东京首脑会议召开
1980	在生产指示中使用贴纸自动打印机、记忆装置、电视、条形码等。通过 NC、机器人等实现了自働化生产线的扩充	全美汽车工人联合会会长福拉瑟为邀请日本对美投资访日 日产在美国设立生产公司	众参两院实施同日选举 太平首相逝世 在北京召开中日政府官员会议
1981		发表对美轿车出口自主规制	第二次临时行政调查会成立 福井歉一获得诺贝尔奖
1982	强化在工序内打造品质	丰田汽车工业和丰田汽车销售合并 成立丰田汽车（株）	美国发生 IBM 产业间谍事件 国铁实行分割、民营化
1983	通过重新设计物流来缩短生产时间	丰田和 GM 在合并生产小型车上达成一致 日产的美国工厂开始启动	"洛克希德事件"中判田中前首相有罪 里根总统访日
1984		丰田与 GM 的合并公司 NUMMI 成立 三菱的汽车工业和汽车销售合并	发生江崎古力口社长诱拐事件 电电公社实行民营化

184

（续表）

年份	丰田生产方式	汽车产业	国内
1985	在少人数专用生产线上努力实现高效率生产方式	对美轿车出口自主规制继续	NTT（日本电信电话公司）和日本烟草产业成立 制定《男女雇用机会均等法》
1986	丰田网络系统的构筑	丰田的贞宝工厂建成 日美汽车部品 MOSS 协议签订	东京首脑会议开幕 国铁分割、民营化
1987			拉博合意成立 纽约股票市场暴跌 发生"大韩航空机事件"
1988		丰田在美国肯塔基州建设工厂 丰田在加拿大安大略省建设工厂	《消费税法》实施 美国制定一揽子贸易法案
1989			昭和天皇逝世，改元平成 发生"里库路特嫌疑事件"
1990	提高采购物流的效率		日美构造协议开始 礼宫殿下与川岛纪子结婚
1991	开展节约纸资源的"每人一根运动"（1991—1992 年末）。		海湾战争爆发 云仙普贤岳发生大规模火山喷发，致消防、记者等44人死亡 发生信乐铁道事故，42人死亡

185

年份	丰田生产方式	汽车产业	国内
1992	制定"丰田基本理念"		在东海道新干线上"NOZOMI"登场 毛利卫乘宇宙飞船前往宇宙
1993	在偏远地区采用电送看板 标准作业改善活动的范围扩大	日产汽车宣布停止座间工厂的轿车生产	足球J联赛开始 皇太子与小和田雅子举行结婚典礼
1994			制定《制造物责任法》 发生"松本沙林事件" 女性宇航员向井千秋从哥伦比亚飞向宇宙
1995		日美汽车交涉结束	阪神大地震 发生"地铁沙林事件"
1996	"丰田2005远景"发表	MATSUDA归入美国福特旗下	O–157各地大流行
1997	修改"丰田基本理念"	丰田开始量产节能车"PRUICE"	足球首次进入世界杯决赛圈 5%消费税开始启动 山一证券自主倒闭
1998	在开发和设计领域取得ISO 14001外部认证 在越南工厂首次导入GBL		长野冬奥会开幕 明石海峡大桥开通 发生和歌山"有毒咖喱饭事件"

186

（续表）

年份	丰田生产方式	汽车产业	国内
1999	向有关企业提示"与环境相关的采购政策" 在各工厂开始公开面向当地社会的 PRTR 信息	日产与雷诺开始合作（卡洛斯·戈恩就任社长）	欧洲货币开始启动，欧洲 11 个国家导入单一货币 日本兴业银行、第一劝业银行、富士银行通过互相持股实现三行统合
2000		美 GM 和意菲亚特宣布进行资本合作	对 HITGENOM 的解读基本结束 三宅岛发生最大级别火山喷发
2003	国内车辆工厂中的 GBL 导入结束 在堤工厂内导入 SPS		KOKUDO 的堤义明前会长被逮捕 发生 JR 福知山线脱轨事故

注：以收录在《大野耐一的改善魂》（日刊工业新闻社刊）中的"大野耐一的年谱和业界·国内主要动向"（野口恒编制）为基础编制而成。

参考文献

《丰田生产方式——脱规模的经营》大野耐一著，钻石社，1978 年

《大野耐一的改善魂（保存版）》日刊工业新闻社编，日刊工业新闻社，2005 年

丰田社史《丰田的历程》1978 年刊行

《会思考的丰田现场》田中正知著，商业社，2005 年

《丰田系统和管理会计》河田信著，中央经济社，2004 年

图书在版编目（CIP）数据

精益制造：丰田现场的人才培育／（日）田中正知 著；赵城立 译. —北京：东方出版社，2012.8

ISBN 978-7-5060-4985-6

Ⅰ.①精…　Ⅱ.①田…②赵…　Ⅲ.①丰田汽车公司—工业企业管理—人才管理—经验　Ⅳ.①F431.364

中国版本图书馆 CIP 数据核字（2012）第 152576 号

TOYOTA RYU GENBA NO HITOZUKURI
–TOYOTA MOTO SEISAN CHOSABU BUCHO GA AKASU
by MASATOMO TANAKA
Copyright © MASATOMO TANAKA 2006

Simplified Chinese translation copyright © Oriental Press.2011
Original Japanese edition published by THE NIKKAN KOGYO SHIMBUN, LTD.
Simplified Chinese translation rights arranged with THE NIKKAN KOGYO SHIMBUN, LTD.
through NISHIKAWA COMMUNICATIONS CO., LTD.

本书中文简体字版权由北京汉和文化传播有限公司代理
中文简体字版专有权属东方出版社
著作权合同登记号　图字：01-2011-4820 号

精益制造：丰田现场的人才培育
（JINGYI ZHIZAO：FENGTIAN XIANCHANG DE RENCAI PEIYU）

作　　者：[日] 田中正知
译　　者：赵城立
责任编辑：申　浩　高琛倩
出　　版：东方出版社
发　　行：人民东方出版传媒有限公司
地　　址：北京市西城区北三环中路 6 号
邮　　编：100120
印　　刷：三河市中晟雅豪印务有限公司
版　　次：2012 年 8 月第 1 版
印　　次：2021 年 1 月第 6 次印刷
开　　本：880 毫米×1230 毫米　1/32
印　　张：7.125
字　　数：120 千字
书　　号：ISBN 978-7-5060-4985-6
定　　价：30.00 元
发行电话：(010) 85924663　85924644　85924641

东方出版社助力中国制造业升级

定价: 28.00 元

定价: 32.00 元

定价: 32.00 元

定价: 32.00 元

定价: 32.00 元

定价: 32.00 元

定价: 30.00 元

定价: 30.00 元

定价: 32.00 元

定价: 28.00 元

定价：28.00 元

定价：36.00 元

定价：30.00 元

定价：32.00 元

定价：32.00 元

定价：32.00 元

定价：38.00 元

定价：26.00 元

定价：36.00 元

定价：22.00 元

定价：32.00 元

定价：36.00 元

定价：36.00 元

定价：36.00 元

定价：38.00 元

定价：28.00 元

定价：38.00 元

定价：36.00 元

定价：38.00 元

定价：36.00 元

日本《日经制造》电子杂志中文手机版

日本发行量第一的制造业专业杂志《日经制造》独家授权

主办：东方出版社　　出版：人民东方出版传媒有限公司

《日经制造》三大专栏：

01《市场研究 ｜ 新趋势 & 新机会》

第一手全球制造业情报，助力总裁决策

如何成为一个有行业见识的人？

02《爆品实战 ｜ 新技术、新材料、新工艺、新思路》

找到满足市场需求的新方案

如何成为一个有产品哲学的人？

03《现场管理 ｜ 日本高效生产管理实践》

答案在现场，现场有神灵

如何成为一个有现代化工厂管理能力的人？

全年 600+最新文章，年费会员一键购买

合作渠道招募计划

如果你为制造业提供服务

如果你有制造业粉丝

如果你有制造业的内容

欢迎和我们一起走

相互关照　共同前行

一 键 加 盟